W0072582

GRIMMA | FLUTBILDER – BILDERFLUT

GRIMMA | FLUTBILDER – BILDERFLUT

EINE FOTODOKUMENTATION

LEIPZIGER UNIVERSITÄTSVERLAG · SAX-VERLAG BEUCHA

Gedruckt mit freundlicher Unterstützung der Kulturstiftung der Länder, Berlin.

Bibliografische Information Der Deutschen Bibliothek
Die Deutsche Bibliothek verzeichnet diese Publikation in der Deutschen Nationalbibliografie;
detaillierte bibliografische Daten sind im Internet über http://dnb.ddb.de abrufbar.

Grimma. Flutbilder – Bilderflut. Eine Fotodokumentation. Im Auftrag des Vereins
„Freundeskreis des Museums Grimma" hrsg. von Marita Pesenecker und Jonas Flöter.

Das Werk einschließlich aller seiner Teile ist urheberrechtlich geschützt.
Jede Verwertung außerhalb der engen Grenzen des Urheberrechtsgesetzes
ist ohne Zustimmung des Verlages unzulässig und strafbar.
Das gilt insbesondere für Vervielfältigungen, Übersetzungen, Mikroverfilmungen
und die Einspeicherung und Verarbeitung in elektronischen Systemen.

© Leipziger Universitätsverlag/SAX-Verlag Beucha 2002
Titelfoto: Albrecht Schilde, Foto S. 3: Martin Jehnichen, Stern, Foto Rückseite: Christiane Eisler
Druck: Druckerei zu Altenburg GmbH
ISBN 3-936522-37-5

Inhalt

Foto: Frank Sadlowski

Geleitwort des Ministerpräsidenten Georg Milbradt

Am 12. und 13. August 2002 erlebte Grimma eine der größten Katastrophen in seiner mehr als 800-jährigen Geschichte. Die Mulde überflutete die gesamte historische Altstadt. Über siebenhundert Häuser wurden beschädigt – einige so schwer, dass sie abgerissen werden mussten. Bedeutende Baudenkmäler der Stadt, wie der Markt mit dem Renaissance-Rathaus und die Frauenkirche, wurden in Mitleidenschaft gezogen.

Noch schlimmer sind jedoch die persönlichen Schicksale: Viele Menschen wurden durch die Jahrhundertflut ihrer Existenz beraubt. Sie verloren Erinnerungsstücke und damit auch einen Teil ihrer Identität. Johann Gottfried Seume, ein berühmter Sohn der Stadt Grimma, schrieb einst: „Schmerz und Freude liegen in einer Schale; ihre Mischung ist das Menschenlos."

Doch neue Hoffnung wächst in Grimma aus dem festen Willen der Bewohner: Trotz der Katastrophe geben sie nicht auf. An vielen Stellen sind Schäden schon behoben, erste Geschäfte und öffentliche Einrichtungen sind wieder offen. Das ist nicht nur Anlass zum Frohsinn, sondern auch zum Danken. Es beeindruckt, wie sich die Grimmaer für ihren Ort engagieren. Ein Ehepaar aus Köln schrieb Anfang Oktober in das Gästebuch der Stadt: „Wir werden wiederkommen und allen erzählen, wie schön Grimma gelegen ist, und dass sich eine Reise lohnt." Das macht Mut.

Trotzdem wird es dauern, bis in Grimma wieder Normalität eingekehrt ist. Noch immer sind Straßenzüge zerstört, ist die historische Muldenbrücke Pöppelmanns nicht benutzbar. Grimma braucht weiter Hilfe und wird sie von der Staatsregierung erhalten. Gemeinsam wird uns der Wiederaufbau gelingen. Doch nicht nur davon erzählt das Buch. Sicher wird es dazu beitragen, dass der Neuanfang nach der Flut nicht nur Wagnis bleibt, sondern eine tragbare Basis für die Zukunft begründet.

Georg Milbradt
Ministerpräsident des Freistaates Sachsen

Vorwort des Landrates Dr. Gerhard Gey

Es war die größte Hochwasserkatastrophe seit der Besiedlung des Muldentals um 1100.

Der Pegel der Mulde lag weit über dem in unserer Region noch in Erinnerung gebliebenen Hochwasser von 1954. Das Ausmaß der Schäden erreichte eine Dimension, wie sie für uns bisher kaum vorstellbar war. Etwa 2000 geschädigte Häuser allein im Muldentalkreis, beträchtliche Zerstörungen an Straßen und Brücken und nicht zu vergessen die Verluste an immateriellen Werten und ganz persönlichen Sachen. Die absolut größten Schäden waren zweifellos in Grimma zu verzeichnen, aber auch die kleineren Gemeinden und Ortsteile hatte es hart getroffen.

Das vorliegende Buch vermittelt uns in Form einer umfassenden Fotodokumentation eine Vorstellung von den Ereignissen am und nach dem 13. August 2002. Die Bilder zeigen zunächst das unglaubliche Ausmaß der Überschwemmungen und in diesem Zusammenhang die spektakulären und gefährlichen Rettungsaktionen. Dem mutigen und selbstlosen Einsatz der Hilfskräfte sowie der Besonnenheit der Menschen ist es zu danken, dass es keine größeren Personenschäden gab, – wie ein Wunder, wenn man bedenkt, dass sich die Wassermassen zu einer reißenden Flut entwickelt hatten.

Die Bilder der Verwüstung unmittelbar nach dem Hochwasser dokumentieren eindrucksvoll, was diese Hochwasserkatastrophe angerichtet hat. Sie lassen allerdings nur erahnen, was in den Menschen, die unmittelbar betroffen waren, vorgegangen sein muss. Um so mehr beeindrucken die Bilder von den nachfolgenden umfänglichen Aufräumungs- und Reinigungsarbeiten. Was in diesen Tagen geleistet wurde, verdient Respekt und Anerkennung.

Es waren zunächst die Betroffenen selbst, die, so wie sie angepackt haben, ein deutliches Zeichen setzten – ein Zeichen für den Wiederaufbau in dem Sinne: „Wir lassen uns nicht unterkriegen, wir machen weiter." Es ist also ihr besonderer Verdienst, diese Energie und Zuversicht aufgebracht zu haben.

Und dabei konnten sie und wir alle eine wertvolle Erfahrung machen, etwas, was wir nicht vergessen dürfen und nicht vergessen werden: Die große Hilfsbereitschaft und Solidarität. Freiwillige Helfer aus nah und fern, Menschen aus ganz Deutschland standen plötzlich in Gummistiefeln vor der Tür und boten ihre Unterstützung an. Das gab zweifellos weiteren Auftrieb und man fühlte sich zusätzlich in die Pflicht genommen, weiterzumachen. Vor allem aber hat es die Menschen näher gebracht, sowohl in unserem Muldental als auch in Ost- und Westdeutschland. Zahlreiche Freundschaften sind dadurch entstanden und viele sagten: „Wir kommen wieder."

Ein Bekannter, selbst Betroffener, sagte mir, er habe sich die Frage gestellt, ob er denn in einer analogen Situation 500 Kilometer gen Westen gefahren wäre? Ja, Hilfsbereitschaft kann man durchaus an einer solchen Fragestellung ermessen.

Hinzu kommt die deutschlandweit ausgelöste Spendenaktion. Gerade auch die Solidarität der Menschen in Westdeutschland hat gezeigt, dass Ost und West wieder viel enger verbunden sind, als wir es in der Vergangenheit vielleicht wahrgenommen haben. Allen freiwilligen Helfern sowie all jenen, die durch Sach- oder Geldspenden Unterstützung gegeben haben, gilt unser herzlicher Dank.

Wir haben uns nunmehr ein festes Ziel gesetzt. Wir werden Grimma und die kleineren Orte im Muldentalkreis wieder aufbauen und wir wollen dabei das Beste daraus machen. Der Aufbau ist unsere gemeinsame Sache. Einerseits müssen die Betroffenen weiter unterstützt werden, andererseits bietet sich eine große Chance für die Entwicklung unserer Region, die wir nutzen müssen. Dabei gilt es vor allem die positive Grundstimmung, den Optimismus der Menschen und nicht zuletzt die Solidarität untereinander zu bewahren. Die Bilder der Hochwasserkatastrophe werden uns daran erinnern.

In diesem Sinne wünsche ich uns allen für den Wiederaufbau viel Kraft, eine konstruktive Zusammenarbeit und gutes Gelingen.

Dr. Gerhard Gey
Landrat

Blick vom Stadtwald auf Grimma. Foto: Gerhard Weber

„Amicus certus in re incerta cernitur" (Cicero) –
„Den wahren Freund erkennt man in der Not"

Bilder von Naturkatastrophen können bei nicht unmittelbar betroffenen Menschen Erschrecken hervorrufen, Mitgefühl auslösen oder zu spontaner Hilfeleistung anregen. Von Anderen werden sie einfach nur registriert und abgetan. Es gibt Regionen in Deutschland, Europa und in außereuropäischen Ländern, in denen Hochwasser beinahe zum alljährlichen Leben gehört – Passau, die Moselregion, das Rheintal.

Aber auch unsere Mulde hat immer wieder gezeigt, dass ihr Wasser für den Menschen nicht nur nützlich und wohltuend ist. Und so war es auch am 13. August diesen Jahres, als die Hochwasserstände von 1954 und von 1771 um Meter übertroffen wurden. Innerhalb weniger Stunden war die ursprünglich auf einer Sand- und Schotterbank im Flussbett errichtete Grimmaer Altstadt von der Mulde urtümlich umströmt und sturzbachähnlich durchflossen worden. Die Rettung der in ihren Häusern verbliebenen Bürger durch Feuerwehren, Technisches Hilfswerk, Bundeswehr und viele Freiwillige war so erfolgreich, dass kein Todesopfer zu beklagen ist.

Als das Hochwasser am 15. August aus den Straßen der Grimmaer Innenstadt geflossen war, wurde begonnen, die Schlammmassen und der vernichtete persönliche und gewerbliche Besitz von tausenden Menschen zu beseitigen. Die Berichterstattung der Medien über die Situation in Grimma und die persönliche Anteilnahme all derer, die am 13. August ohnmächtig den Untergang der Altstadt ansehen mussten, führte dazu, dass vom 15. August an immer mehr Helfer anpackten. Junge und Alte, Einheimische und Auswärtige aus vielen Bundesländern halfen mit und trugen so dazu bei, den vom Hochwasser Betroffenen Mut zum Neuanfang und zum Wiederaufbau zu geben. Durch diese – von vielen doch wohl unerwartete – Hilfsbereitschaft und durch die gute technische Organisation gelang es, in wenigen Tagen das Gröbste zu beseitigen. Durch die umfang-

Am 21.1. 2000 konnte nach vierjähriger Bauzeit das Rathaus wieder für die Öffentlichkeit zugänglich gemacht werden. Rund 4 Mill. Euro kostete die umfangreiche Sanierung, die von Bund, Land und Kommune getragen wurde.
Foto: Gerhard Weber

Das Treppenhaus von St. Augustin. Foto: Manfred Pippig

reichen Spenden an Kleidung, Möbeln, Gebrauchsgegenständen, Baumaterial sowie durch Rabatte beim Kauf von Lebensnotwendigem konnte den Betroffenen über die erste Not hinweggeholfen werden.

Hatte der Mauerbau am 13. August 1961 die Deutschen in Ost und West für Jahrzehnte voneinander getrennt, so brachte die Flutkatastrophe vom 13. August 2002 deutlich zum Ausdruck, wie eng sich in den letzten zwölf Jahren die menschlichen Beziehungen wieder geknüpft haben. Seit der Wende war durch die Politiker Deutschlands das Zusammenwachsen von Ost und West zum vordringlichsten Ziel erklärt worden. Immer weniger Menschen haben daran geglaubt, dass dieses Ziel noch im Blickfeld sei. Die geradezu unglaubliche Solidarität, Hilfs- und Spendenbereitschaft vor allem aus den alten Bundesländern hat nun gezeigt, daß auch ohne Zwang und Dirigismus unter den Bürgern dieses Landes das Zusammengehörigkeitsgefühl und die Mitmenschlichkeit übermächtig sind. Erst in unsicheren Zeiten erkennt man sichere Freunde. In Grimma konnte man nicht nur dies hautnah erleben, in den Zeiten der Not wurden auch neue Freunde gewonnen. So gesehen hat die große Flut auch etwas Gutes. Die Betroffenen haben durch den persönlichen Beistand von Bekannten und Fremden sowie durch nachbarschaftliche Unterstützung Trost, Hilfe und Zuspruch gefunden und Mut zum Weitermachen gefasst. All jene, die tätige, materielle und finanzielle Hilfe leisteten, trugen zugleich dazu bei, der Menschlichkeit breite Bahn zu brechen.

Die Flutkatastrophe hat Grimma über die Landesgrenzen hinaus bekannt gemacht und die Medien rückten die Stadt ins Blickfeld des öffentlichen Interesses. Diese Aufmerksamkeit und die enorme Anteilnahme sollten den Grimmaern Anreiz sein, ihre Heimatstadt wieder in altem Glanz erstehen zu lassen.

Matthias Berger
Bürgermeister

Festumzug anläßlich der 800-Jahr-Feier im Jahr 2000 auf dem Grimmaer Markt. Foto: Thomas Kube

Das Hospital „zum hl. Kreuz" nach der Sanierung im Jahr 1997. Fotos: Manfred Pippig

Die Frauenkirche wurde von 1989 bis 1993 saniert; am 31.10.1993 fand der erste Gottesdienst statt.

Schwanenteichanlage mit Scherenschleifer. Foto: Manfred Pippig

14

*Nach aufwändiger Restaurierung konnte am 1.8.1997 die Gaststätte „Schloß Gattersburg"
eröffnet werden. Foto: Manfred Pippig*

*1997 wurde in der Leipziger Straße die Postmeilensäule
wiedererrichtet. Foto: Manfred Pippig*

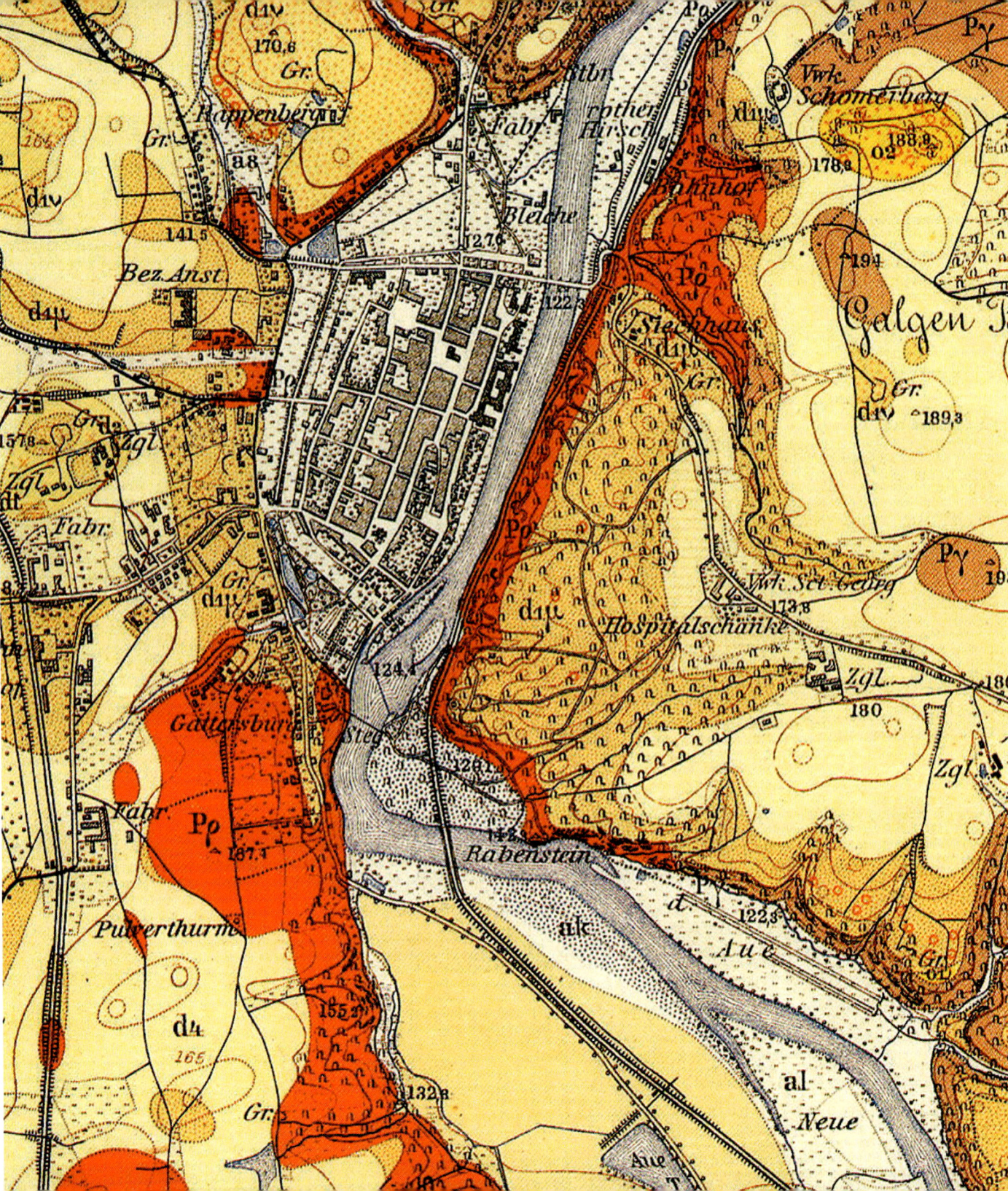

Grimma und die Mulde   *Antje Clauß, Leipzig*

Etwa zwölf Flusskilometer oberhalb des Großmühlenwehres fließen bei Sermuth die Zwickauer und die Freiberger Mulde zur (vereinigten) Mulde, dem bedeutendsten Fluss Nordwestsachsens, zusammen. Zwickauer und Freiberger Mulde entspringen in den oberen Lagen des Erzgebirges, winden sich nördlich der Linie Glauchau – Chemnitz – Nossen durch die engen Täler des Granulitgebirges und erreichen schließlich das Nordwestsächsische Porphyrhügelland. Hier haben sich die Mulden unterschiedlich breite Täler geschaffen. Talweitungen wechseln mit Talverengungen. Der Ausschnitt der geologischen Karte verdeutlicht diesen Sachverhalt am Beispiel von Grimma. Die Grimmaer Altstadt liegt in einer circa 500 Meter breiten Talweitung (hellste Farbtöne), auf Höhe der Hängebrücke dagegen sowie nördlich der Altstadt rücken die Felsen (rote bzw. braune Farbgebung) beiderseits des Flusses enger zusammen und die Aue ist nur etwa 200 Meter breit. Auf diese Einengung des Tales soll später noch einmal eingegangen werden (Abbildung gegenüber).

Nördlich von Grimma verlässt die vereinigte Mulde dann ihren Lauf durch das Hügelland und tritt ins Flachland ein. Das Tal der Mulde wird zunehmend breiter und erreicht eine Ausdehnung von bis zu drei Kilometern. Ab Wurzen und verstärkt ab Eilenburg bildet der Fluss Mäander, sogenannte Flussschlingen. Im Gegensatz zu vielen anderen Flüssen wurde die vereinigte Mulde bislang nur wenigen wasserbaulichen Maßnahmen unterworfen und gilt zwischen Grimma und dem Muldestausee als eine der ursprünglichsten Flusslandschaften Mitteleuropas.

Zur Geschichte des Muldentales bei Grimma

Die rötlichen Porphyre, die der Landschaft und insbesondere dem Muldental eine charakteristische Prägung gaben, sind vulkanischen Ursprungs und im Unterrotliegenden

Ausschnitt aus der Geologischen Karte des Königreiches Sachsen 1:25000 (vergrößert), Blatt 4742 Grimma-Trebsen, hrsg. vom Königlichen Finanzministerium (1879).

17

Ausschnitt aus der Topographischen Karte 1:25000 (verkleinert), Normalausgabe, Blatt 4742 Grimma, hrsg. vom Landesvermessungsamt Sachsen (1991).

vor etwa 250 bis 260 Millionen Jahren entstanden. Sie sind an vielen Stellen des Muldentales an steilen Talhängen aufgeschlossen. Das Tal der Mulde selbst ist wesentlich jünger. Während der pleistozänen Eiszeiten wechselte die Mulde infolge Talverschüttungen mehrmals ihren Lauf. Vor der Saale-Eiszeit, vor etwa 200.000 Jahren, floss sie von Großbothen über Grethen, Pomßen, Naunhof in das Zentrum der Leipziger Tieflandsbucht und mündete bei Bitterfeld in die Saale. Erst nach dem Rückzug des Eises der Saale-Eiszeit hat sich die Mulde ihr heutiges enges Durchbruchstal zwischen Grimma und Nerchau geschaffen. Differierende Gesteinsfestigkeiten führten zu verschieden starker Erosion und in der Folge zur Entstehung der unterschiedlich breiten Auen. Neben der Abtragung von Fest- und Lockermaterial spielt bei der Entstehung eines Tales auch die Sedimentation, die Ablagerung, eine wichtige Rolle. Mit jedem Hochwasser lagert sich in den überfluteten Bereichen feinstes Material, der sogenannte Auelehm, ab.

Leben am und mit dem Fluss

Fließgewässer stellen seit jeher Leitlinien für die Besiedlung dar. Im Laufe der Zeit entwickelten sich an Flussquerungen (Furten) Siedlungen, die die Vorteile der Lage am Fluss zu nutzen wussten. Gleichzeitig war man sich aber auch der Hochwassergefahr bewusst. Schon frühzeitig wurden daher Maßnahmen zum Hochwasserschutz ergriffen. So wurde zum Beispiel der heutige Grimmaer Marktplatz seit dem 16. Jahrhundert schrittweise um eineinhalb bis zwei Meter erhöht. Einen sehr wichtigen Hochwasserschutz für Siedlungen in Flusstälern stellen Deiche sowie ausreichend unbebaute Überflutungsflächen dar. Der Ausschnitt aus der Topographischen Karte zeigt südlich von Grimma zwischen der Mulde und der Straße zum Kloster Nimbschen einen solchen Hochwasserschutzdamm. Der Bereich zwischen dem Fluss und dem Damm wird als Grünland genutzt und im Hochwasserfall überflutet. Auf dem Gebiet der Grimmaer Altstadt wurde entlang der Mulde die etwa drei Meter hohe Stadtmauer als eine Art innerstädtischer Hochwasserschutz erhalten.

Extremhochwässer

Hochwässer sind eigentlich regelmäßig wiederkehrende Naturereignisse, so zum Beispiel nach der Schneeschmelze im Frühjahr oder lang andauerndem Regen. Die Flüsse treten dann zwar über die Ufer, überschwemmen aber oft nur die eigentlichen Überflutungsflächen. Auslöser für Hochwässer mit besonders schlimmen Folgen für Siedlungen und Infrastruktur sind jedoch meist extreme Sommerniederschläge, wobei innerhalb kürzester Zeit enorme Mengen an Regen fallen. Von den 14 Hochwasserstandsmarkierungen an der Grimmaer Großmühle entfallen zehn auf sogenannte Sommerhochwässer, dagegen nur vier auf das Winterhalbjahr, die fünf höchsten Werte wurden ausschließlich im Sommer gemessen. Ursache dafür wiederum sind ganz bestimmte Großwetterlagen, bei denen warme und sehr feuchte Luftmassen aus dem Mittelmeerraum nach Mitteleuropa vordringen. In den Niederschlagsregionen (im konkreten Fall das obere Erzgebirge) ist dann schnell die Aufnahmefähigkeit des Untergrundes erschöpft, die Flüsse und Bäche schwellen in kürzester Zeit enorm an. Ihre Fließgeschwindigkeit und damit auch ihre zerstörerische Kraft erhöhen sich. Brücken oder Gebäude laufen Gefahr, weggerissen zu werden. Andere „Hindernisse" wie die eingangs erwähnten Talverengungen an der Hängebrücke haben zur Folge, dass der Fluss an diesen Stellen noch weiter ansteigt und durch die Bildung von Strudeln örtlich extreme Verwüstungen anrichten kann. Gegen diese „Launen der Natur" ist Grimma aufgrund seiner Lage in einem relativ schmalen Abschnitt des Muldentales allerdings machtlos.

Das Einzugsgebiet der Mulde, Flusskarte des Königreiches Sachsen, 1906.

Foto: Thomas Mothes

Nur ein Hochwasser wie 1974 war vorstellbar

„Von einem stark bewölkten bis bedeckten Himmel regnet es zeitweise, verbreitet auch länger anhaltend und ergiebig. Erst am Nachmittag sind kurzzeitig Wolkenlücken möglich. In der Nacht kann aus dicken Wolken weiterhin längere Zeit Regen fallen, der zum Teil noch stark sein wird." Mit dieser Wettervorhersage war ein kühler und verregneter, aber ansonsten normaler Tag zu erwarten. Nervosität konnte nur durch die Internetbilder aus Döbeln oder Leipzig entstehen, wo die Feuerwehren seit den frühen Morgenstunden vollgelaufene Keller und Tiefgaragen auspumpten. Dass es Hochwasser geben könnte, war auch den Berichten aus Prag, dem Salzburger Land oder Passau zu entnehmen. Hochwasser ist für Grimma, der „Perle des Muldentals", aber nichts Außergewöhnliches. Gegen 10.40 Uhr traf in der Stadtverwaltung von Grimma eine Hochwasserwarnung des Staatlichen Umweltfachamtes Chemnitz ein, wonach die Warnstufe 4 plus einem Meter prognostiziert wurde. Als diese Nachricht am frühen Nachmittag die Betroffenen unmittelbar an der Mulde erreichte, wussten offenbar nur wenige, dass damit ein Pegel von 7,60 Meter an der Messstelle Golzern – etwa vier Kilometer muldeabwärts – und damit sechs Meter über normal vorhergesagt war. Die Stadtverwaltung ging bis zum Abend noch davon aus, dass der Hochwasserscheitel von 1974 (6,30 Meter) wohl nicht überschritten werden würde.

Bereits gegen Mittag trat der Hochwasserstab der Stadt Grimma zusammen. Sandsäcke wurden beschafft und gefüllt, die Hochwasserbalken an der Großmühle und der Funkwagen bereitgestellt. Wesentlich rasanter als früher stieg der Pegel der Mulde und ließ damit entsprechend weniger Vorbereitungszeit für die Flutabwehr. Die Lautsprecherwagen verkündeten um 16.45 Uhr die Warnstufe 1. Wie bei jedem Hochwasser begannen die unmittelbar am Fluss Wohnenden, ihre Keller auszuräumen. Die Anspannung stieg, als bereits 17.30 Uhr die Gefahrenstufe 2 erreicht war. Halbstündig wurden jetzt der Pegel abgelesen und die Anwohner informiert; gegen 19 Uhr setzte die Feuerwehr die Hochwasserbalken an der Großmühle. Als um 21.45 Uhr das Wasser die Stufe 3 erreicht hatte, begannen einige Bewohner der Grimmaer Unterstadt auch ihre Erdgeschosse zu beräumen.

Pro Stunde war der Muldenpegel um etwa 30 Zentimeter gestiegen. Zu dieser Zeit wurden Evakuierungen immer wahrscheinlicher. Am Abend vereinbarte die Stadtverwaltung mit dem Pächter der Muldentalhalle, den Saal für Evakuierte bereitzustellen. Unmittelbar danach wurden die Bewohner des Hauses am Dornaer Weg aufgefordert, ihre Wohnungen zu verlassen. Als das Wasser an der Ecke Töpferstraße/Mühlstraße stand, bat eine Bewohnerin am Baderplan, mit ihrem gesamten Mobilar in die Muldentalhalle gebracht zu werden.

Beobachtung der Mulde am Abend des 12.8.02. Foto: Wolfgang John (Das Foto weist Hochwasserschäden auf)

Foto: Jörg Gläscher

Die Flut, die nicht enden wollte

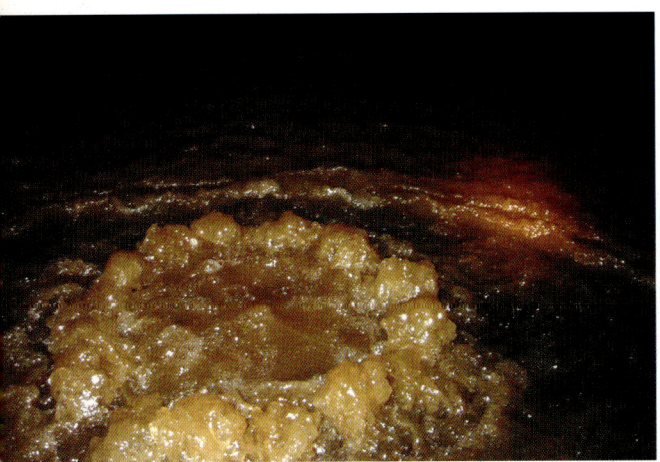

Foto: Mirco Töpfer

„Zu Beginn des 13.08.2002 um 0 Uhr wird erwartet, dass der Wasserstand der Mulde die Alarmstufe 4 überschreitet und den Stand vom Dezember 1974 erreichen kann." Mit dieser Meldung an die Städte und Gemeinden löste der Katastrophenschutzstab des Muldentalkreises den Katastrophenalarm aus und ordnete damit an, gefährdete Häuser und Gebiete zu evakuieren. Wenn auch diese Mitteilung nur langsam zum Grimmaer Krisenstab vordrang, zwangen allein die herannahenden Wassermassen zum Handeln. Eine Dreiviertelstunde nach Mitternacht wurden aus dem Internat des Gymnasiums St. Augustin 49 Schüler evakuiert. Gleichzeitig forderte die Feuerwehr die Anwohner der an der Mulde gelegenen Paul-Gerhardt-Straße, der Töpferstraße und der Schulstraße sowie der Großmühle auf, ihre Häuser zu verlassen und sich in die Muldentalhalle zu begeben. Allerdings war zu diesem Zeitpunkt das Ausmaß der Bedrohung noch nicht überschaubar. Nur wenige Bewohner waren daher bereit, den Warnungen zu folgen. In Sermuth, am Zusammenfluss von Freiberger und Zwickauer Mulde, spitzte sich indes die Lage zu. Um 2.10 Uhr stand der Pegel nur noch 30 Zentimeter unterhalb der Dammkrone. Auch in Grimma stieg das Wasser kontinuierlich. In Golzern wurde um 1.30 Uhr ein Pegel von 5,29 Meter, um 2.35 Uhr von 5,55 Meter, 3.25 Uhr von 5,74 Meter und 4.30 Uhr von 6,03 Meter gemessen. Das Staatliche Umweltfachamt Chemnitz unterstrich nochmals, dass mit einer Wasserhöhe von mindestens sieben Metern gerechnet werden muss. Während in Sermuth durch die Bundeswehr, die Freiwillige Feuerwehr aus Panitzsch und das Feuerwehrtechnische Zentrum (FTZ) die Deiche verstärkt wurden, konnte nur einen Kilometer nördlich, in Erlln, der Damm nicht mehr gehalten werden. Auch der Regen nahm kein Ende. In den ersten acht Stunden des Tages fielen 20 bis 30 Liter pro Quadratmeter.

Jeden Augenblick musste die Flut die Altstadt von Grimma erreichen. Die Geschwindigkeit war unvorstellbar. Gegen 3.30 Uhr kontrollierte eine Mitarbeiterin des Hochwasserstabes das Stadthaus und die Galerie am Rathaus. Deren Keller waren zu dieser Zeit noch

Gewaltige Strömung in der Leipziger Straße. Foto: Gerhard Krueger

Die Schulstraße am frühen Morgen.
Foto: Frank Sadlowski

Der Katastrophenschutzstab des Landratsamtes.
Foto: René Beuckert, bpa

trocken. Kurz nach 4 Uhr standen sowohl der Markt als auch der Nicolaiplatz unter Wasser. In der kurzen Zeit versuchten die Mitarbeiter der Stadt, die Ausstellungsobjekte der Rathausgalerie und große Teile des Sonderraumes im Stadtarchiv auszuräumen. Die Rettungs- und Koordinationsarbeiten wurden durch den Strom- und Telefonausfall massiv erschwert. Gegen 4.30 Uhr musste der Hochwasserstab der Stadt die Einsatzzentrale in der Feuerwehr fluchtartig verlassen, weil diese drohte, vom Wasser eingeschlossen zu werden. In letzter Minute konnten die Feuerwehrfahrzeuge in Sicherheit gebracht werden. Kurz nach 5 Uhr meldete Bürgermeister Matthias Berger dem Katastrophenschutzstab des Landkreises, dass die historische Altstadt von Grimma bis zum Wallgraben und auch die Hängebrücke unter Wasser stehen.

Die Flutwelle erreichte Grimma gegen 6 Uhr. Zu dieser Zeit wurde in Golzern ein Wasserstand von 6,23 Meter und damit etwa der Höchststand von 1974 gemessen. Mit vier bis sechs Metern pro Sekunde war die Strömung in den Grimmaer Straßen so stark und die Flut derart hoch, dass die Rettung der noch eingeschlossenen Bewohner mit Schlauchbooten der Feuerwehr und der Wasserwacht höchst riskant wurde. Der Katastrophenschutzstab orderte nun die Luftrettung der Bundeswehr, die gegen halb neun Uhr in Grimma eintraf. Unterdessen stieg das Wasser weiter. Um 7.30 Uhr wurden in Golzern 7,05 Meter mit steigender Tendenz gemessen. Als der Pegel um 9.50 Uhr eine Höhe vom 7,65 Meter erreicht hatte, begann das Wasser der Mulde über die seitlichen Bögen der Pöppelmannbrücke zu fließen. Gegen 11 Uhr stand das Wasser auf dem Marktplatz zwei Meter hoch.

Bürgermeister Matthias Berger bei der Evakuierung von Anwohnern in der Leipziger Straße.
Foto: Günther Peschke

Zeitungsredakteur André Neumann unterwegs in der Friedrich-Oettler-Straße.
Foto: René Beuckert, bpa

Ein Schlauchboot wird in der Wurzener Straße einsatzfertig gemacht. Foto: Lars Voigtländer

Blick vom Tempelberg auf die neue Muldenbrücke. Foto: Thomas Kube

In einer spektakulären Aktion leitete Bürgermeister Matthias Berger einen Radlader in die Leipziger Straße und konnte dort mehrere Menschen bergen. Ein zweiter Rettungsversuch in der Weberstraße scheiterte allerdings. Zu dieser Zeit waren 53 Männer, Frauen und Kinder, darunter ein vier Wochen alter Säugling, in der Frauenkirche eingeschlossen. Sie hofften, hier vor der rasch steigenden Flut Zuflucht zu finden. Doch das Wasser stieg schneller, so dass die Menschen auf die Treppen und dann auf die Empore fliehen mussten. Dorthin stieg auch die feuchtwarme, erdrückende Luft. Pfarrer Christian Behr konnte mit seinem Kahn nicht mehr helfen. Die Letzten mussten bis zum Abend ausharren, ehe sie mit den schweren Booten, die von der Bundeswehr mit Hubschraubern eingeflogen wurden, gerettet werden konnten. Nur mit diesen Booten war gegen die starke Strömung anzukommen.

Gegen 12 Uhr traf eine unbestätigte Meldung beim Katastrophenschutzstab ein, dass die Mauer der Talsperre Kriebstein gerissen, der Staudamm geöffnet worden und in etwa sechs Stunden eine zweite Flutwelle zu erwarten sei. Drei Stunden schwebte die Anzeige in den Räumen des Krisenstabes, ehe die erlösende Mitteilung kam: Kriebstein ist gerettet. Um 16 Uhr wurde in Golzern ein Pegel vom 8,34 Meter gemessen, damit war der Scheitelpunkt aber noch nicht erreicht. Der lag um 20 Uhr bei 8,68 Meter.

Seit Mittag bargen zwei Hubschrauber der Bundeswehr in unermüdlichem Einsatz und dramatischen Aktionen die Bürger, die sich nur noch auf die Dächer ihrer Häuser retten konnten. Bei Einbruch der Dunkelheit unterbrach man die Hubschrauberrettung, da erst zwei nachtflugtaugliche Helikopter des Bundesgrenzschutzes angefordert werden mussten. In der Nacht setzte dann der Bundesgrenzschutz die Flugrettung fort. Bis zum Ende des Tages wurden insgesamt 978 Menschen evakuiert und davon etwa 150 in der Muldentalhalle beherbergt. Alle anderen fanden bei Verwandten, Freunden und Bekannten Unterkunft. 63 Verletzte waren zu beklagen. Dem unermüdlichen und zum Teil unter Lebensgefahr geführten Einsatz der etwa 180 Feuerwehrleute sowie der Rettungskräfte des THW, der Wasserwacht und Freiwilliger war es zu danken, dass niemand in Grimma durch die Flut ums Leben kam.

Hilfe kommt am Wallgraben per Radlader. Foto: Jörg Gläscher

Blick auf die Pöppelmannbrücke und das Schloß. Fotos: Albrecht Schilde

Foto: Bernd Voigtländer   *Foto: Albrecht Schilde*   *Foto: Andreas Hofmann*   *Foto: Veronika Danke*

Fotos unten: Jens Engel

Bürgermeister Berger mit Angehörigen der Grimmaer Feuerwehr an der Ecke Leipziger Straße/Wallgraben. Foto: Wolfgang Köcher

Schlauchboote mit Evakuierten am Wallgraben. Foto: Thomas Kube

Foto: René Beuckert, bpa

Das Technische Hilfswerk mit schwerem Gerät in der Wurzener Straße.
Foto: Matthias Ziegert

großes Foto:
Jörg Gläscher

oben: Lorenzstraße mit Blick zum Markt.
Foto: Wolfgang John

unten: Blick von der Lorenzstraße zum Markt.
Foto: Johann Wächter

oben: Blick in die Lorenzstraße von Richtung Markt. Der Wasserstand
hat seinen höchsten Pegel noch nicht erreicht.

unten: Blick zum Markt Ecke Brückenstraße. Fotos: Hanno Paul

Die Südseite des Marktplatzes. Foto: Silke Hoffmann

In der Langen Straße. Fotos: Dagmar Herrmann

links: Am Pappischen Tor.
Foto: Jörg Gläscher

In der Langen Straße. Foto: Jens Strauß

Obst und Gemüse schwimmen aus einem Geschäft in der Langen Straße. Foto: Peter Hirsch

In der Langen Straße. Foto: Cornelia Wunderlich

*Rettung mit Schlauchboot am Baderplan Nr. 11.
Foto: Frank Rieger*

*Blick aus der Superintendentur auf den Baderplan.
Foto: Frank Rieger*

*Ein Teil der Außenwand des Baderhauses hielt den
Wassermassen nicht stand. Foto: Frank Rieger*

In der Mühlstraße. Foto: Michael Pirr

Blick aus dem Kreismuseum auf das Nachbargrundstück.
Fotos: Marita Pesenecker

Warten auf Hilfe.

Hubschrauber über den Häusern der Paul-Gerhardt-Straße.

Rettung der Familie Diecke
durch Hubschrauber.

Blick auf die Frauenkirche. Fotos: Jens Engel

Warteschlangen bilden sich an den wenigen noch funktionsfähigen Telefonzellen.

Die Rettungshubschrauber landen am Prophetenberg. Foto: Jörg Gläscher

Fünf Rettungsboote unterwegs in der Langen Straße. Foto: Dagmar Herrmann

In der Frauenkirche finden 53 Menschen für neun Stunden Zuflucht. Foto: Christin Loidl-Fischer

oben: Rettungsaktion in der Langen Straße. Fotos: Cornelia Wunderlich

unten: In der Langen Straße. Foto: Peter Hirsch

oben: Ankunft Evakuierter an der Ecke Oettlerstraße/Wallgraben.

unten: Gerettet. Fotos: Thomas Kube

Evakuierung der Flutopfer am Wallgraben. Foto: Thomas Kube

Foto: Frank Sadlowski

oben: Katholische Kirche in der Nicolaistraße. Foto: Gisela Sonntag

unten: Lange Straße: Ein Mann kämpft gegen die Fluten.
Foto: Dagmar Herrmann

oben: Am Wallgraben. Foto: Clemens Wussler

unten: Am Pappischen Tor. Foto: Ralf Zweynert

Blick vom Turm der Frauenkirche zur Mühlstraße. Foto: Uwe Marx

*Hubschrauber gegen
Abend über der
Leipziger Straße.
Foto: Jörg Gläscher*

oben: Stadtmauer mit Gartenlauben. Foto: Marita Pesenecker

unten: Rettung von den Dächern der Stadt. Foto: Jens Strauß

oben: Blick vom Stadtwald auf die Klosterkirche und das Gymnasium St. Augustin.
Foto: Albrecht Schilde

unten: Etuifabrik Kühn an der Mulde. Foto: Jens Strauß

oben: Oberwerder mit dem ehemaligen Schlachthof.
Foto: Lars Voigtländer

unten: Am unteren Bahnhof. Foto: Dorothea Rüdiger

oben: Gartenanlagen unterhalb der Wiesenstraße.
Foto: Helmut Langer

unten: Blick auf das Grimmaer Schloss und den überfluteten Sportplatz.
Foto: Josef Brendel

Hängebrücke und Brückenhäuschen in den tosenden Fluten. Foto: Klaus Uhlig

An der Hängebrücke staut sich Treibgut. Foto: Thomas Kube

Foto: Harald Lieber

Die Großmühle steht bis zur 1. Etage in den Fluten.
Foto: Martin Braune

Foto: Stephan Kreisel

Im Stadtwald. Foto: Karl-Heinz Haferkorn

oben: Blick auf das Dorf Höfgen. Fotos: Uwe Andrich

unten: Blick auf den Hotelkomplex „Zur Schiffmühle".

oben: Blick auf die Dörfer Dorna und Golzern. Foto: Uwe Andrich

unten: Das Hochwasser verursacht einen Schaden von ca. 2,5 Mill. Euro an den Gebäuden des Hotels „Kloster Nimbschen"

Die Kriebsteintalsperre. Foto: Martin Jehnichen, Stern

Feuerwehr im Einsatz. Foto: Martin Jehnichen, Stern

Ankunft von Hilfskräften der Bundeswehr in Grimma. Foto: Rolf Hofmann

Die Fleischerei May in der Leipziger Straße. Foto: Martin Jehnichen, Stern

Die Muldentalhalle dient ca. 150 Menschen als Notquartier.

links: Rettung von Evakuierten
durch Bundeswehr- und Polizeikräfte.
Fotos: Martin Jehnichen, Stern

Foto: Martin Jehnichen, Stern

Leadership in Gummistiefeln

So schnell wie die Flut kam, zog sie sich auch wieder zurück. Gegen 3 Uhr war der Wasserstand um etwa 1,30 Meter zurückgegangen. Konkrete Auswirkungen hatte dies vorerst aber nicht. Auf Hausdächern warteten noch immer Bewohner auf ihre Rettung. Wenn auch der Regen nachließ, erschwerte die starke Strömung weiterhin die Bergungsarbeiten mit Booten. Vor allem im unteren Stadtbereich von Grimma behinderten umhertreibende Balken, Baumstämme, Fässer, Tanks und Container die Boote, so dass die Personenrettung um 3.20 Uhr eingestellt werden musste. Die Evakuierungen mit Helikoptern, die um 1.40 Uhr unterbrochen worden waren, wurden in der Nacht aber wieder aufgenommen. In der Stadt Grimma kamen die Hubschrauber gegen 5.35 Uhr letztmalig zum Einsatz.

Das abfließende Wasser ließ nach und nach sichtbar werden, wie schwer die historische, in den letzten Jahren umfangreich sanierte Altstadt von Grimma geschädigt war. Zahlreiche Straßen wurden zerstört, die Pöppelmannbrücke war teilweise zusammengebrochen, die Hängebrücke nicht mehr benutzbar. Das Renaissance-Rathaus, eines der schönsten in Sachsen, wurde schwer beschädigt. Vor allem die Infrastruktur, wie Strom- und Gasversorgung sowie die Telefonverbindungen, war unbrauchbar. Auch in den Grimmaer Ortsteilen Dorna, Höfgen und Nimbschen hatte das Hochwasser grausame Spuren hinterlassen.

Von nun an wurde schwere Rad- und Räumtechnik benötigt, die weder die Bundeswehr noch der Bundesgrenzschutz zur Verfügung stellen konnte. Die Angebote des Technischen Hilfswerkes (THW) aus ganz Deutschland wurden vom Katastrophenschutzstab des Muldentalkreises sofort angenommen.

Das Wasser zieht sich langsam vom Markt zurück. Foto: René Beuckert, bpa

Gestrandetes Boot an der Klosterkirche.
Foto: Wolfgang Köcher

Ein Boot für den Bundeskanzler konnte das THW allerdings nicht bereitstellen. Gerhard Schröder ging daher in Gummistiefeln und mit grüner Polizeijacke in Begleitung von Ministerpräsident Georg Milbradt von der Straße des Friedens über den Wallgraben, die Leipziger Straße, die Lange Straße bis zum Markt. Das Entsetzen war dem Kanzler ins Gesicht geschrieben. „Wir werden alles einsetzen, was wir haben, und wir haben eine Menge – als Deutsche" äußerte Schröder bei seinem Rundgang durch Grimma und beschwor damit sowohl den Gemeinsinn als auch die nationale Kraftanstrengung. Bürgermeister Matthias Berger berichtete dem Kanzler über die dramatischen Rettungen in der Stadt und Pfarrer Christian Behr über die Evakuierung der 53 Menschen, die in die Frauenkirche geflüchtet waren. Sichtlich beeindruckt war Schröder von der Hilfsbereitschaft und der nachbarschaftlichen Unterstützung der Grimmaer Bürger. Zugleich war er sich mit den Helfern einig, dass der Stadt Grimma und der Region Muldental schnell geholfen werden muss. Ein gutes Langzeitgedächtnis wünschte Herbert Holl dem Kanzler, indem er ihm seine schlammverschmierte Hand reichte und nachschob: „Ich hoffe, dass wir nicht vergessen werden".

Auf dem Rückweg begegnete Gerhard Schröder dem Grimmaer Feuerwehrmann Jens Thoß. Dessen Wunsch nach einem Autogramm auf seine orangefarbene Weste erfüllte der wahlkämpfende Kanzler prompt.

Bereits in den frühen Morgenstunden wurde durch Bürgermeister Berger ein Krisenstab zur Koordinierung der Rettungs- und Räumarbeiten gebildet. Neben den Amtsleitern und den Mitarbeitern des Hoch- und Tiefbauamtes der Stadt gehörten dem Stab Vertreter der MITGAS-AG, des Stromversorgers Envia und der OEWA Wasser und Abwasser GmbH an. Die Polizeidirektion Grimma nahm ebenfalls an den zweimal täglich stattfindenden Beratungen teil. Der Krisenstab fand im Bauhof der Stadtverwaltung in der Bonhoefferstraße ein vorläufiges Domizil.

Im Brennpunkt des Katastropheneinsatzes stand nun nicht mehr, Menschen zu retten, sondern die Unmengen von Schwemmgut, Schutt und Schlamm zu beseitigen. Das THW aus Lehrte und Oldenburg begann, die Telefonverbindungen für den Katastrophenschutzstab und die Technische Einsatzleitung zu installieren.

Innenansicht der Klosterkirche.
Foto: Martin Jehnichen, Stern

Blick in die Paul-Gerhardt-Straße in Richtung Baderplan. Foto: Wolfgang Köcher

Baderplan mit Blick auf die Superintendentur. Foto: Frank Richter

Vordringlichste Aufgabe des Krisenstabes war, die Häuser und Brücken der Stadt auf Schäden und Einsturzgefährdungen zu prüfen. Die Inspektionen in der Grimmaer Altstadt erfolgten durch Baufachleute, die Stabilität der Muldenbrücke wurde von der Straßenmeisterei untersucht. Unterdessen war der Pegel stark gefallen. Um 16 Uhr wurde in Golzern ein Stand von 6,12 Meter gemessen. Die Warnstufe 4 konnte allerdings noch nicht aufgehoben werden.

Um die Hilfsangebote aus ganz Deutschland zu systematisieren, wurden sowohl durch den Krisenstab der Stadt als auch durch den Katastrophenschutzstab des Muldentalkreises Spendenkonten und Sammelplätze für Sachspenden eingerichtet. Die grandiose Spenden- und Hilfsbereitschaft gab Mut und Hoffnung.

Gegen 10 Uhr bricht ein Teil des Daches der Baderei zusammen. Foto: Frank Richter

Blick auf die Pöppelmannbrücke und die Friedrich-Oettler-Straße. Foto. Martin Jehnichen, Stern

Blick auf die Neue Brücke, das Fußballstadion und den Volkshausplatz. Foto: Martin Jehnichen, Stern

Luftbildaufnahme der nördlichen Altstadt. Foto: Martin Jehnichen, Stern

Gymnasium St. Augustin in den Fluten. Foto: Martin Jehnichen, Stern

Blick auf die Etuifabrik Kühn in der Klosterstraße. Foto: Martin Jehnichen, Stern

Übereinandergeschobene Autos in der Schulstraße. Foto: Martin Jehnichen, Stern

oben: Südseite des Rathauses. Foto: Cornelia Wunderlich

unten: Dicker Schlamm blieb am Markt zurück. Foto: Rainer Wolf

oben: Eva-Brunnen vor dem Rathaus. Foto: Rainer Wolf

unten: Der Marktplatz nach Rüchzug des Wassers. Foto: Bernd Hoffmann

Blick auf den Marktplatz
mit Rathaus.
Foto: Martin Jehnichen, Stern

Geflutete Autos in der Schulstraße. Foto: Gisela Sonntag

Weberstraße. Foto: Mirco Töpfer

Bundeskanzler Gerhard Schröder und Sachsens Ministerpräsident Georg Milbradt in Grimma. Foto: Thomas Kube

oben: Foto: Thomas Kube

unten: Gerhard Schröder mit dem Feuerwehrmann Jens Thoß. Foto: Ralf Zweynert

oben: Das Medieninteresse ist groß. Foto: René Beuckert, bpa

unten: Foto: René Beuckert, bpa

Gestrandete Autos in der Frauenstraße. Foto: Cornelia Wunderlich

Foto: Wolfgang Köcher

*Eingebrochener Radlader
in der Weberstraße.
Foto: Peter Hirsch*

Paul-Gerhardt-Straße mit Blick zum Baderplan.
Foto: Wolfgang Köcher

Lange Straße mit Blick zur Frauenkirche.
Foto: Ralf Zweynert

Die ersten Anwohner kehren in die Lange Straße zurück.
Foto: Cornelia Wunderlich

Die Schulstraße am frühen Morgen.
Foto: Frank Sadlowski

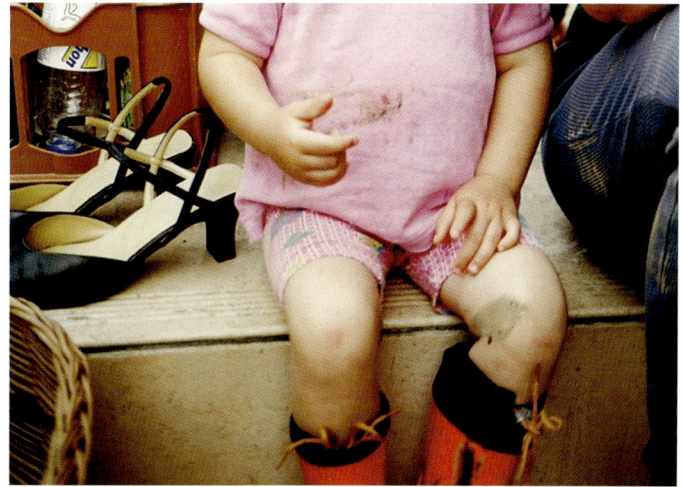

oben: Aufräumarbeiten in der Szenekneipe „Zur Lumpe" in der Weberstraße.
Foto: Frank Sadlowski

unten: Gunter Hunger in seinem Zeitungsladen in der Kreuzstraße.
Foto: Martin Jehnichen, Stern

oben: Foto: Lars Vogtländer

unten: Die Lange Straße nach dem Hochwasser.
Foto: Cornelia Wunderlich

Foto: Martin Jehnichen, Stern

Ehepaar Lauterbach in ihrem Fotofachgeschäft Markt 22. Foto: Martin Jehnichen, Stern

Foto: Martin Jehnichen, Stern

Foto: Ralf Zweynert

Das Ausmaß der Katastrophe wurde sichtbar

oben: Am Floßplatz. Foto: Siegfried Lohrmann

*unten: Weg vom Floßplatz zur Großmühle.
Foto: Peter Krasemann*

Kurz nach Mitternacht unterschritt die Mulde den kritischen Pegel von 5,60 Meter. Die Hochwasserwarnstufe 4 konnte damit aufgehoben werden. Gleichzeitig beobachteten Polizei und Technisches Hilfswerk (THW), wie in Sermuth der Pegel der Mulde wieder anstieg. Das Staatliche Umweltfachamt in Chemnitz hatte keine Erklärung dafür. Die Anspannung im Katastrophenschutzstab des Landkreises war immens, ehe um 1.30 Uhr die Feuerwehr mitteilte, dass der Wasserstand in Sermuth fällt.

Erst nachdem das Wasser aus der Altstadt von Grimma weitgehend abgeflossen war, wurde das Ausmaß der Katastrophe offenbar. Einen Teil der erschreckenden Schadensbilanz fasste Kerstin Ulbricht, Leiterin des Haupt- und Personalamtes der Stadt Grimma, zusammen: Betroffen sind circa 815 Haushalte mit über 1.700 Personen, die Werte von etwa 20 Millionen Euro verloren haben. Durch das Hochwasser ist die Existenzgrundlage von etwa 400 Gewerbetreibenden bedroht worden. Einige stehen vor dem Ruin. Der Gesamtschaden wird auf 44 Millionen Euro geschätzt. Dass wegen der Wasserschäden sechs Arzt- und Zahnarztpraxen sowie zwei Apotheken nicht arbeiten konnten, war in dieser Situation besonders misslich. Die an circa 750 Häusern in Grimma und den Ortsteilen Dorna, Höfgen und Nimbschen entstandenen Schäden wurden vorläufig mit 56 Millionen Euro veranschlagt. Fünf Häuser in der Grimmaer Altstadt stürzten während des Hochwassers ein, 24 weitere mussten in den folgenden Wochen abgerissen werden. Außerdem wurden für 40 Wohn- und Geschäftsgebäude Abbruchanträge gestellt. In der Innenstadt hat die Flut über sieben Straßenkilometer und partiell auch die darunterliegenden Leitungssysteme beschädigt oder zerstört. Am Gymnasium St. Augustin, das unmittelbar an der Mulde steht, entstand ein Gesamtschaden von etwa 6,72 Millionen Euro. Auf Monate wird der Schulbetrieb nur eingeschränkt möglich sein. Die Grund- und Mittelschule am Wallgraben ist mit knapp 2 Millionen Euro und hier insbesondere die neue Turnhalle geschädigt. Auch die drei Sportstätten in der Innenstadt von Grimma sind nicht mehr nutzbar.

Zerstörte Brüstung der Pöppelmannbrücke. Foto: Helmut Langer

Schlammberäumung in der Schulstraße. Foto: Jörg Gläscher

Die Telefone in den Krisenstäben der Stadt und des Landkreises standen nicht still. Ununterbrochen fragten Bürger nach ihren Angehörigen, wollten Grimmaer Auskünfte über ihr Haus, ihre Straße und vor allem darüber, wann sie in die Stadt zurückkehren dürfen. Die am Vortag durch den Bürgermeister und die Polizei getroffene Entscheidung, die Innenstadt zu sperren und nur jene hineinzulassen, die ein berechtigtes Interesse nachweisen konnten, stieß nicht überall auf Verständnis. Außerdem wurde für die nächsten Tage eine Ausgangssperre über die Innenstadt verhängt, die ab 20 Uhr einsetzte, aber flexibel gehandhabt wurde. In der Regel wurde erst bei Einbruch der Dunkelheit darauf gedrungen, um so die Aufräumarbeiten nicht zu behindern. Erst als der Strom der Katastrophentouristen wuchs, wurde deutlich, wie unerlässlich die Sicherheitsregelungen waren.

Vordringliches Ziel des Krisenstabes der Stadt war es, die Innenstadt und die vom Hochwasser betroffenen Stadtteile systematisch zu beräumen und zu säubern, Häuser auszupumpen und vor allem das Strom- und Telefonnetz instandzusetzen. Wesentliche Voraussetzung dafür war, die beschädigten Brücken und Zufahrtsstraßen nach Grimma wiederherzustellen. Auch das übernahmen die bereits seit Tagen im ununterbrochenen Einsatz arbeitenden Kräfte des THW. Noch in der Nacht wurden die Arbeiten an den Straßen von Tanndorf nach Erlln, von Golzern nach Bahren, die Straße von Podelwitz zur Muldenbrücke sowie die Einmündung in Grimma Leipziger Straße/Wallgraben aufgenommen. Sehr schnell wurden die Bäume beseitigt, die die Straße von Golzern nach Dorna sperrten. Die Muldenbrücke in Grimma war bereits um 8 Uhr wieder befahrbar. Gesperrt blieb die Bundesstraße von Trebsen nach Bennewitz, von Trebsen in Richtung Neichen und nach Wednig waren die Fahrbahnen weggespült.

Am frühen Nachmittag sank der Wasserpegel unter 5 Meter. Die Mulde war damit in ihr altes Flussbett zurückgekehrt. In der gesamten Innenstadt hatten die Aufräumarbeiten begonnen. Das THW installierte Leitungen, um den Markt mit Strom zu versorgen und richtete seine Koordinierungszentrale im Stadthaus ein. Der Krisenstab der Stadt Grimma organisierte den Müll- und Schuttabtransport. Doch nicht nur an das technische Krisenmanagement, sondern auch an die geistliche und weltliche Seelsorge der Betroffenen wurde gedacht.

Foto: Helga Schneider

In der Hohnstädter Straße sind die Erdgeschosse
im Wasser verschwunden.

Die gleiche Ansicht am Donnerstag.
Fotos: Helga Fruck

Foto: Martin Jehnichen, Stern

Donnerstag: Die alten Handpuppen des „Kräutergewölbes" landeten auf dem Müll. Foto: Gerhard Weber

Mittwoch: Blick auf die Gaststätte
„Kräutergewölbe" am Markt.
Foto: René Beuckert, bpa

oben: Kino in der Nicolaistraße.

unten: Am Nicolaiplatz. Fotos: Gisela Sonntag

oben: Der Herrenausstatter Weiland in der Brückenstraße. Foto: Finsterbusch

unten: Das Grimmaer Fußballstadion ist völlig verwüstet.
Foto: Kerstin Fleischner

Die Redaktion des „Wochenkurier" in der Langen Straße. Foto: Thomas Kube

Foto: Jens Müller

Zusammengestürzte Wand des Baderhauses am Baderplan. Foto: Manfred Pippig

Bilder des Entsetzens und Mut zum Neuanfang

In den Morgenstunden waren die statischen Überprüfungen abgeschlossen. Der Hochwasser- und Katastrophenstab der Stadt teilte bereits am Mittwoch die Grimmaer Innenstadt in vier Sektoren ein. Bau- und Statikfachleute untersuchten systematisch alle Häuser auf ihren Zustand und kennzeichneten vor allem die einsturzgefährdeten Gebäude. Zugleich wurde der Zustand der Strom- und Gasversorgung ermittelt. Unmittelbar danach setzten die umfassenden Aufräumarbeiten ein. Bereits am Vormittag hatte man Mühe, sich einen Weg durch die Müll-, Schutt- und Schlammberge zu bahnen. Unablässig rollten Containerfahrzeuge in die Stadt. Nur mit der schweren Räumtechnik des Technischen Hilfswerkes (THW) war es möglich, die sich auf den Straßen türmenden Müllberge in die Container zu verladen. Unternehmen aus dem Umland von Grimma und der Stadt Leipzig beteiligten sich an den Transporten.

In diesen ersten Tagen waren aus den nassen Wohnungen, Geschäften und Gewerbebetrieben über 25.000 Kubikmeter Schutt beseitigt worden. Um den Müll möglichst schnell aus der Stadt abtransportieren zu können, wurde auf dem Gewerbegebiet Grimma-Süd, dem ehemaligen Massa-Gelände, ein Zwischenlager eingerichtet. Von dort wurde der Unrat auf die Deponien Cröbern und Seehausen gebracht.

Dass die Aufräumarbeiten so schnell voranschritten, war nur durch die vielen freiwilligen Helfer möglich, die aus der Umgebung von Grimma, aus Leipzig und aus ganz Deutschland an die Mulde strömten; bereits am Freitag über 2000.

Mit den Helfern kamen auch die Spenden. Nicht nur Kleidung, Möbel, Haushaltsgegenstände und Spielzeug, auch Werkzeug, Trocknungsgeräte und vor allem Lebensmittel

Juliane Böhme ist eine der vielen Schülerinnen, die im Gymnasium St. Augustin beim Beräumen helfen. Foto: Ralf Zweynert

Aufräumarbeiten im Musikcafé
in der Langen Straße. Foto: Thomas Kube

und Getränke wurden lastwagenweise nach Grimma gefahren. Doch auch die Spenden-flut musste koordiniert werden. Auf sieben Hallen auf dem GGI-Gelände, bei Gewerbe-treibenden und der Berufsschule wurden die Sachspenden verteilt und durch die Mitar-beiter der Stadtverwaltung, des Landratsamtes, der Bundeswehr, ABM-Kräfte und Frei-willige sortiert und verwaltet.

Erst bei den Aufräumarbeiten wurden die konkreten Schäden deutlich: Die 77-jährige Maria Ullrich, die die Kriegs- und Nachkriegszeit durchlebt hatte, steckte das gesamte Vermögen in ihr Haus. Jetzt steht die Rentnerin in der verwüsteten Schulstraße erschöpft und fassungslos vor ihrem Heim. Über sein Schicksal darf Uwe Naumann gar nicht nach-denken. Die Vorderfront seines Hauses in der Töpferstraße brach zusammen. Alle Abstüt-zungen halfen nichts. Das Haus musste abgetragen werden. Michael Pirr war sich schon sicher, dass sein Haus in der Mühlstraße abgerissen werden muss. Als das unbewohnte Nachbarhaus einstürzte, riss es einen Teil seines Hauses mit sich. Auch das 200 Jahre alte Gartenhäuschen auf der Stadtmauer hat die Flut vernichtet. Doppelt schwer sind die Gewerbetreibenden geschädigt. Der Drogist Georg Dornig in der Brückenstraße schlepp-te noch am Montag seine Waren in die erste Etage. Doch das Wasser drang auch bis dahin vor. Ähnlich erging es dem Parfüm- und Kosmetikgeschäft von Annekatrin Palisch. Der Fleischer Fritz May, unweit vom Schwanenteich, hatte noch das Problem, die ver-dorbenen Metzgerwaren zu entsorgen. Dem Zoohändler Nino Pokoj sind alle Tiere er-trunken. Die im Erdgeschoss befindliche Kanzlei des Rechtsanwaltsbüros Kirmes & Kühne, mit wertvollem Mobiliar aus der Zeit um 1900, ist genauso zerstört wie das „Kinderparadies" von Christa und Udo Schönfeld, dessen Kinderbassins nur noch als Schlammwannen dienten.

Obwohl die Grimmaer Schüler seit Montag schulfrei hatten, sind viele freiwillig gekom-men, um beim Aufräumen und Putzen zu helfen. Auch Juliane Böhme aus der 8. Klasse des Gymnasiums St. Augustin gehörte zu jenen. Die Schule am Wallgraben und die neue Turnhalle standen unter Wasser. Noch lange wird es dauern, ehe für die 100 Grund- und 500 Mittelschüler wieder „normale" Schultage kommen.

Ehepaar Fehn in ihrem Musikcafé in der Langen Straße 31. Foto: Birgitta Kowsky

Mitglieder des Jugendblasorchesters räumen ihre verschlammten Instrumente aus dem Magazin. Foto: Ralf Zweynert

116

Ingo Uhde vor seinem leergeräumten Geschäft „Bücherwurm" in der Weberstraße. Foto: Ralf Zweynert

Foto: Gerhard Weber

118

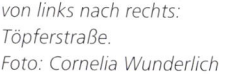

*von links nach rechts:
Töpferstraße.
Foto: Cornelia Wunderlich*

*Müll und Schlamm sammeln
sich in der Weberstraße.
Foto: Mirco Töpfer*

*Adler-Apotheke
in der Frauenstraße.
Fotos: Katrin Winkler*

Foto: Mirco Töpfer

*Der Musik-Pub „Green Corner" in
der Klosterstraße wird beräumt.
Foto: Jörg Müller*

In der Hohnstädter Straße beginnen die Aufräumarbeiten. Foto: Jörg Müller

Verdorbene Waren des Obst- und Gemüsegeschäftes an der Ecke Markt/Lange Straße. Foto: Thomas Kube

Foto: Thomas Kube

In der Weberstraße. Foto: René Beuckert, bpa

Foto: Christiane Eisler

Jede Hilfe wird gebraucht. Foto: Christiane Eisler

Bei all dem Elend auch Hoffnung und Besinnung

Unüberschaubar war die Zahl der Helfer, die an diesem Wochenende in die Innenstadt von Grimma strömten, um die Hochwasseropfer tatkräftig zu unterstützen. Herausgefordert durch die dramatischen Bilder in Presse und Fernsehen kamen die Helfer aus der Umgebung von Grimma, aus Leipzig und aus allen Teilen Deutschlands. Gemeinsam mit den betroffenen Grimmaer Bürgern und entscheidend unterstützt durch das Technische Hilfswerk (THW), die Bundeswehr und die Feuerwehr räumten sie Wohnungen aus, schaufelten Schlamm aus den Kellern und reinigten Wände und Böden. Parallel dazu begann das THW, die einsturzgefährdeten Häuser zu sichern.

Der Markt entwickelte sich zum Koordinationspunkt für die ganze Stadt. Hier richteten das THW und die Stadtverwaltung ihre Schaltzentralen ein, an denen die Helfer sich zu Arbeiten einteilen ließen und Betroffene praktische Unterstützung erhalten konnten. Vor allem die notwendigen Gerätschaften wie Schaufeln, Besen, Kärcher und Trockner wurden hier bereitgestellt.

Das leibliche Wohl kam am Markt aber auch nicht zu kurz. An dutzenden Ständen wurden für die Grimmaer und ihre Helfer Roster und Broiler gegrillt und in Gulaschkanonen Suppen gekocht. Auch mehrere Mineralwasserhersteller boten ihre Erfrischungen kostenlos an. Die Logistik, die für die Versorgung der Helfer längst notwendig geworden war, wurde im wesentlichen durch die Bundeswehr übernommen.

Andacht in der Frauenkirche .
Foto: Gerhard Weber

Müllberäumung in der Langen Straße. Foto: Christiane Eisler

Neben dem Markt bildeten die Frauenkirche und das Einsatzzelt der Feuerwehr in der Leipziger Straße Anlaufstellen für Hilfesuchende und Helfer. Für die meisten Probleme mussten unkonventionelle Lösungen gefunden und zumeist schnelle Entscheidungen getroffen werden. Bürokratie war in diesen Tagen nicht gefragt.

Pfarrer Christian Behr rief täglich um 12 Uhr und um 20 Uhr Betroffene und Helfer zur Andacht in die Frauenkirche und schuf in all dem Elend und der Betriebsamkeit einen Ort der Hoffnung und Besinnung. Die Kerzen zur Andacht standen auf den Pflastersteinen, die die Flut aus der Langen Straße gerissen hatte.

Weberstraße mit Blick zur Leipziger Straße.
Foto: Mirco Töpfer

Innenhof des Gymnasiums St. Augustin.
Foto: Ralf Zweynert

Am Markt: Versorgung der Grimmaer Bevölkerung und der Helfer. Foto: Christiane Eisler

oben: Schubkarren, wie hier in der Klosterstraße, sind unentbehrlich.

unten: Am Markt: Ausgabe von Reinigungsmitteln an die Helfer.
Fotos: Christoph Busse

oben: Zerstörte Boote des Rudervereins Grimma an der Großmühle.
Foto: Cornelia Wunderlich

unten: Helfer machen Pause an der Frauenkirche
Foto: Ursula Morsch

Foto: René Beuckert, bpa

Helfer, Spender und unüberschaubare Müllberge

An den Deichen der Elbe, bei Torgau, Bitterfeld und Mühlberg wurde jeder Helfer dringend gebraucht. Dennoch kamen wieder Tausende nach Grimma. Durch ihre Tatkraft, den Mut der Betroffenen und den unermüdlichen Einsatz von Technischem Hilfswerk (THW) und Bundeswehr war es möglich, bereits an diesem Wochenende weite Teile der Grimmaer Altstadt von Müll und Schutt zu beräumen.

Der Wille, einen Hauch von Normalität in die Stadt zurückzuholen, war übermächtig. Die Zahnärztin Annett Böhm öffnete als erste am Wochenende ihre Praxis am Markt. Mit Notstromaggregaten, die die Patienten selbst in der Hand halten mussten, konnten ge bohrt und Zahnfüllungen eingesetzt werden. An die Arbeit machte sich auch der Fensterbauer Olaf Ebert, dessen Firma am Markt völlig überflutet worden war. Obwohl er noch nicht wusste, ob er zum Weitermachen Kredite erhalten wird, baute er am Wochenende in die beschädigten Häuser bereits wieder Fenster ein. Mit Hochdruck räumte und putzte Lutz Reichert sein Telekommunikationsgeschäft am Leipziger Platz. Er konnte vor allem Handys retten, die jetzt besonders gefragt waren. In der ganzen Stadt war er mit seinen Mitarbeitern unterwegs, um Leitungen zu legen und Telefone und Faxgeräte anzuschließen.

Essenausgabe am Markt. Foto: Mirco Töpfer

Müll und Schutt türmen sich in den Straßen. Foto: Christoph Busse

133

Am 18.8.02 wird durch Gabriele Fischel der neue Pegelstand an der Großmühle markiert.
Foto: Andrea Fischel

Vor allem aber die professionellen und kompetenten Mitarbeiter des Technischen Hilfs-werkes und der Bundeswehr waren es, die die Voraussetzungen dafür schufen, dass in einigen Häusern der Innenstadt der dringend benötigte Strom und das Telefon wieder benutzt werden konnten.

Bereits am Mittwoch stand für Gewandhauskapellmeister Herbert Blomstedt und sein Orchester fest, am Sonntag ein Benefizkonzert zugunsten der Hochwasseropfer im Mul-dentalkreis zu geben. Nur einen Tag, nachdem die Musiker vom Mecklenburg-Vorpom-mern-Festival in Schwerin zurückgekehrt waren, ließen sie im Leipziger Gewandhaus Mozarts Haffner-Sinfonie und Mahlers Fünfte erklingen. 62.000 Euro kamen durch das Konzert zusammen, weitere 13.000 Euro, die aus Schwerin mitgebracht worden waren, spendete das Gewandhausorchester.

oben: Die Verköstigung von Helfern und Betroffenen auf dem Markt. Foto: Mirco Töpfer

unten: Versorgung der Helfer an der Frauenkirche. Foto: René Beuckert, bpa

Schmale Wege führen durch Müllberge in der Langen Straße. Foto: René Beuckert, bpa

Foto: Rosemarie Fret

Die Hilfe der Partner, des Landes und der Medien

Wanderweg an der Mulde. Foto: Wolfgang John

Natürlich war zu erwarten, dass nach dem Wochenende die Zahl der Helfer geringer werden würde. Dennoch hatten viele Urlaub oder frei genommen und kamen, um weiter anzupacken. Wenn es auch kaum fassbar war, wie schnell in der Altstadt von Grimma der Müll und Schutt beseitigt wurden; die Aufräumarbeiten waren noch lange nicht abgeschlossen. Das Technische Hilfswerk (THW) konzentrierte sich auf die Sicherung der einsturzgefährdeten Gebäude. Etwa zehn Häuser waren nicht mehr zu retten und mussten sofort abgerissen werden. Gleichzeitig war die Feuerwehr noch immer damit beschäftigt, Keller auszupumpen und vom Schlamm zu befreien. Unterstützt wurde die Grimmaer Feuerwehr inzwischen von den Kameraden aus der württembergischen Partnerstadt Weingarten, die mit ihrer gesamten Technik an die Mulde eilten.

Im Landratsamt wurde damit begonnen, die Soforthilfen des Landes von 500 bis 2.000 Euro an die Hochwasseropfer auszuzahlen. Die Sächsische Aufbaubank lud die Gewerbetreibenden der Stadt zu einer Informationsveranstaltung in die Berufsschule ein. Die Mitarbeiterinnen der Bank erläuterten die Hilfsprogramme und unterstützten beim Ausfüllen der Formulare.

Nach einer unterrichtsfreien Woche kehrte in die meisten Grimmaer Schulen der Unterrichtsalltag zurück. Von Normalität konnte natürlich keine Rede sein. Nur die oberen Etagen der Grund- und Mittelschule am Wallgraben waren nutzbar. So wurden die Mädchen und Jungen der Klassen eins bis vier sowie neun und zehn der Wallgrabenschule in der Grundschule in Grimma-West betreut und unterrichtet. Für die fünften bis achten Klassen konnte bis auf weiteres kein Unterricht stattfinden.

Fernsehpfarrer Jürgen Fliege kam mit seiner Talkshow nach Grimma. „Wenn alle Dämme brechen" nannte er seine Sendung, die live aus der Frauenkirche übertragen wurde.

Neben Bürgermeister Matthias Berger berichteten Katrin Weber, Michael Pirr und Pfarrer Christian Behr, wie sie persönlich die Flut über- und erlebten. Für Grimma kamen allein während der Sendung Spenden in Höhe von 500.000 Euro zusammen. Ralf Püttmann, Kaufhof-Vorstandsmitglied, übergab an Vize-Bürgermeister Hans Winkler einen Warengutschein über 100.000 Euro. Aus Köln, das vor wenigen Jahren selbst unter Hochwasser zu leiden hatte, kam eine weitere 100.000-Euro-Spende.

links: Abstützmaßnahmen am Haus Nr. 17 in der Paul-Gerhardt-Straße. Foto: Katrin Köstler

rechts: Das THW führt Abstützmaßnahmen am Leipziger Platz Nr. 11 durch. Foto: Mirco Töpfer

Reinigen von Fliesen und Ofenkacheln im Ofengeschäft Richter in der Weberstraße. Foto: Frank Richter

Viele Helfer strömen auch am Montag in die Stadt. Foto: René Beuckert, bpa

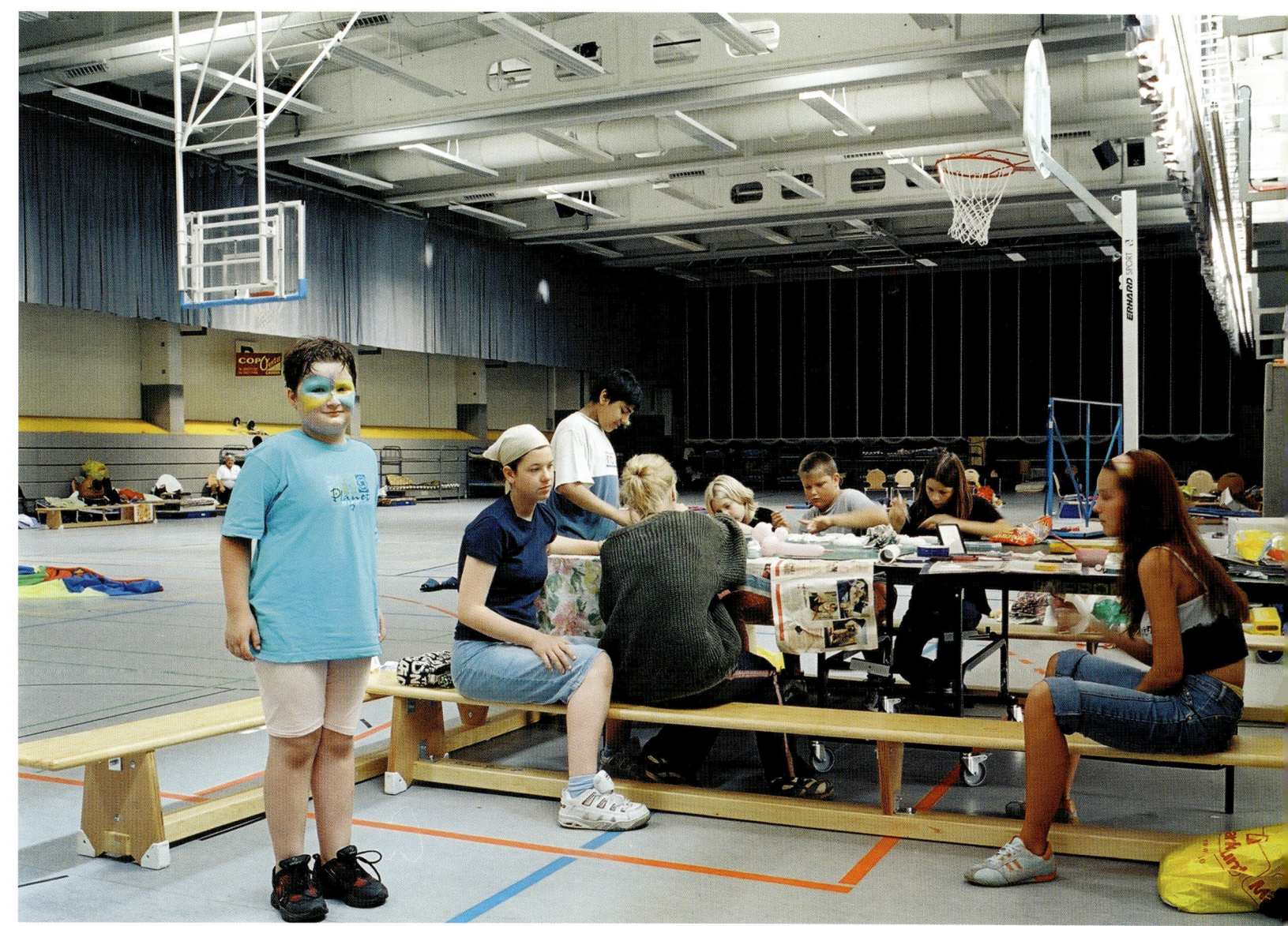

Kinderbetreuung in der Muldentalhalle. Foto: Birgitta Kowsky

Foto: Andreas Kaniuth

Den Hochwasseropfern Hilfe und Unterstützung

Die technische Einsatzleitung der Feuerwehr und des THW in der Heinrich-Zille-Straße.
Foto: Peter Krasemann

Bereits nach vier Tagen war die Innenstadt von Grimma vom gröbsten Schlamm, Müll und Schutt befreit. Das vom Hochwasser zerstörte Inventar der Stadt türmte sich auf dem Gewerbegebiet Grimma-Süd. Nun wurde begonnen, die etwa 500.000 Kubikmeter Müll von dort auf die Deponien in Cröbern und Seehausen zu transportieren.

Die Stadtverwaltung setzte im Stadthaus ihre Arbeit fort. Da das Erdgeschoss noch unbenutzbar war, mussten die Mitarbeiter in den oberen Stockwerken enger zusammenrücken. Lediglich im Foyer wurde behelfsmäßig das Sozialamt eingerichtet. Das Einwohnermeldeamt zog vorläufig bei der Gemeindeverwaltung Großbardau und das Standesamt bei der Stadtverwaltung Naunhof ein.

Das Arbeitsamt in Grimma nahm seine Arbeit wieder auf und koordinierte die zusätzlich für die Stadt Grimma geschaffenen 40, bis zum Jahresende befristeten ABM-Stellen. Sie werden vor allem für Aufräumarbeiten und bei der Verteilung der aus ganz Deutschland eintreffenden Sachspenden eingesetzt.

Vor einer Woche noch standen 70 Zentimeter Wasser in der Kindertagesstätte „Am Schwanenteich". Nicht nur der gesamte Wäschebestand und das Mobilar waren verloren gegangen, sondern auch die Krippenwagen, das Spielzeug, die Küche, der Sanitärtrakt und der Spielplatz sind nicht mehr nutzbar. Silke Reibestein, die Leiterin der Kindertagesstätte, konnte neue Tische und Stühle in Empfang nehmen. Ihr bisheriger Möbellieferant, die Stuhlfabrik Benneckenstein GmbH im Harz, lieferte umgehend neue Möbel, die Hälfte davon kostenlos. Für die Gewerbetreibenden und die Schulen der Stadt spendete die Sparkasse Wiesloch bei Heidelberg 50 Computer, die Mitte September nach Grimma geliefert wurden.

Zwischenlagerung des Mülls im Gewerbegebiet Grimma-Süd. Foto: Mirco Töpfer

Für die Schüler des Gymnasiums St. Augustin begann an diesem Tag der Unterricht. Schulleiter Klaus-Dieter Tschiche war für die spontane Unterstützung des Johann-Gott-fried-Seume-Gymnasiums sehr dankbar. Dort werden in Absprache mit dem Regional-schulamt Leipzig die Augustiner der Klassen elf und zwölf vorübergehend unterrichtet. Dass das Gymnasium St. Augustin und das Seume-Gymnasium zusammenrücken, sieht Kerstin Ulbricht, die Leiterin des Haupt- und Personalamtes der Stadt Grimma, als einen positiven Ausblick auf kommende Schulstrukturen.

Schwerer Atemschutz der Freiwilligen Feuerwehr Grimma, Ecke Kreuzstraße/Schulstraße. Foto: Peter Krasemann

Harry Schuster, Lehrer am Gymnasium St. Augustin, trocknet auf dem Schulhof Bücher von Wilhelm Ostwald. Foto: Karin Friedrich

CHRONIK | **DIE VIER WOCHEN DANACH**

Foto: Martin Jehnichen, Stern

Tausende Gäste kommen zur Veranstaltung „Wir Sachsen sagen Danke" am 7. September auf den Marktplatz. Foto: Ralf Zweynert

Die Flut der Anteilnahme

Der Katastrophenschutzstab des Muldentalkreises stellte am 22. August seine Arbeit ein. Der Stab koordinierte während der vorangegangenen Tage im Landkreis zeitweilig über 1.500 professionelle Kräfte mit etwa 90 Fahrzeugen. 60 freiwillige Feuerwehren mit insgesamt 600 Kameraden waren im Einsatz. Da die akute Einsatzphase, so Landrat Gerhard Gey, abgeschlossen sei, könne nun in die normalen Strukturen des Landratsamtes und der Gemeindeämter zurückgekehrt werden. Die Koordinierung der Aufbauarbeiten wurde aber durch eine spezielle Arbeitsgruppe übernommen. Parallel dazu richtete die Stadtverwaltung von Grimma am Montag, dem 26. August, drei Arbeitsgruppen ein, die sich in den folgenden Wochen speziell mit der Schadenerfassung und Schadenbewältigung beschäftigten. Die erste Fachgruppe befasste sich mit den privaten Haushalten, die zweite Gruppe mit den Gewerbetreibenden und Händlern und die Dritte mit den beschädigten Immobilien. Aufgabe der Fachteams war es, die Hochwasserschäden jedes Hauses detailliert zu erfassen, um so eine Basis für eine gerechte Spendenverteilung zu legen. Die Arbeitsgruppen arbeiteten eng mit dem Spendenbeirat des Landratsamtes des Muldentalkreises zusammen. Diesem gehörten Bürgermeister, Vertreter von Wohlfahrtsverbänden und Kreisräte aller Fraktionen an.

Für die Schüler der Klassen eins bis vier der Grundschule am Wallgraben begann am Montag, dem 26. August, der Unterricht. Der Schulalltag für die Mittelschüler der Klassen fünf bis zehn der Wallgrabenschule und des Gymnasiums St. Augustin setzte dann am Mittwoch wieder ein.

Schritt für Schritt sollte Normalität in die Innenstadt von Grimma zurückkehren und bereits in den ersten Septembertagen öffneten angestammte Geschäfte. Lutz Reichert bot am Leipziger Platz wieder Telekommunikationstechnik an und in der Langen Straße eröffnete die Bäckerei Hennig. Die Globus-Buchhandlung richtete in der ersten Etage der Lorenzstraße 21 einen Bestell-Service ein. Zeitungen und Schreibwaren sowie der Lotto- und der Paket-Service waren nun wieder im Geschäft von Romy und Gunter Hunger in

Die Grund- und Mittelschule erhält auf der Benefizveranstaltung von oldie.fm und Radio PSR einen Scheck über 60.000 Euro.

Benefizkonzert des Thomanerchores in der Klosterkirche Grimma. Fotos: Ralf Zweynert

der Kreuzstraße erhältlich. Für die vom Hochwasser betroffenen Händler der Grimmaer Innenstadt wurden durch die Stadtverwaltung am Montag, dem 9. September, 16 Container auf dem Markt aufgestellt. Neben diesen Gewerbetreibenden öffnete am 1. September die Stadtbibliothek Johann Gottfried Seume, die durch das Hochwasser circa 12.000 Bände Belletristik, 800 Videos und 500 Musikkassetten verlor, für ihre Benutzer.

Der Flut folgte die Anteilnahme. Gleich zwei Benefizkonzerte zugunsten der Hochwasseropfer gab der Thomanerchor am Dienstag, dem 27. August, in der Grimmaer Klosterkirche und in der Frauenkirche. Unter der Leitung des Thomaskantors Georg Christoph Biller erklangen Werke von Johann Sebastian Bach, Wilhelm Rust, Johannes Brahms und des Thomaskantors selbst. Während der Konzerte übergab Christian Wolff, Pfarrer von St. Thomas, an Klaus-Dieter Tschiche, dem Schulleiter des Gymnasiums St. Augustin, die Kollekten von zwei Motetten in Höhe von 7.800 Euro für die Sanierung der vom Hochwasser stark beschädigten Schule. Weitere 7.000 Euro spendeten die Thomaner an kirchliche Einrichtungen der Stadt Grimma sowie reichlich 2.000 Euro an den schwer geschädigten Ort Klosterbuch bei Leisnig. Im Göschenhaus eröffneten am 1. September Susanne Brösdorf und Martin Hoepfner mit einem Konzert für Blockflöte und Gitarre eine Reihe von Benefizkonzerten, mit denen das Museum die vom Hochwasser betroffenen Grimmaer unterstützte. Zur großen Benefizgala „Wir Sachsen sagen Danke" luden am Sonnabend, dem 7. September, Radio PSR und oldie.fm ein. Tausende waren auf den Marktplatz von Grimma gekommen, um unter anderem Jeanette Biedermann, Limahl, Herbert Dreilich von Karat und Opa Unger zu hören. Gemeinsam mit dem Freiberger Brauhaus spendeten Radio PSR und oldie.fm 60.000 Euro für die Grimmaer Wallgrabenschule.

Überwältigend war die Spenden- und Hilfsbereitschaft, die die Stadt Grimma und der Muldentalkreis seit der Hochwasserkatastrophe erlebten. Stellvertretend für die Tausenden, die mit ihrer Spende ihre Verbundenheit mit den Flutopfern ausdrücken wollten, können hier nur zwei genannt werden. Die bislang größte Einzelspende übergab der Oder-Spree-Kreis an den Muldentalkreis. Den Scheck über 740.000 Euro überreichte

Landrat Manfred Zalenga am 20. September an seinen Muldentaler Amtskollegen, Dr. Gerhard Gey. Die Spende soll den Hochwasseropfern und ein Teil dem DRK-Kreisverband Muldental zugute kommen. Unter dem Motto „Hilfe für Grimma" startete die Partnerstadt Weingarten am 15. August eine große Spendenaktion. Oberbürgermeister Gerd Gerber rief in der Zeitung zur Hilfe auf und besonders beim Weingartener Stadtfest spendeten Bürger, Vereine und Unternehmen für die Partnerstadt an der Mulde. Rund 300.000 Euro wurden bis Ende August gesammelt und ein Ende der Spendenbereitschaft war zu diesem Zeitpunkt noch nicht abzusehen.

Landrat Dr. Gerhard Gey und Bürgermeister Matthias Berger danken den Helfern von Feuerwehr, THW, Bundeswehr und DRK.
Foto: Peter Krasemann

Hausabriss in der Leipziger Straße 5 (ehemaliges Stadtgut). Foto: Peter Krasemann

Die Altstadt von Grimma – schwer getroffen

Der gewaltige Schaden, den die Flut in Grimma angerichtet hat, wurde sofort offenbar. Fünf Häuser in der Grimmaer Altstadt stürzten bereits während des Hochwassers ein, 24 weitere mussten in den folgenden Wochen abgerissen werden. Zu den ersten Gebäuden, die vom Abriss betroffen waren, gehörten das Hinterhaus des einstigen Hotels „Goldener Löwe" am Markt 19, die Brückenstraße 35, die Frauenstraße 16, die Leipziger Straße 1 und 5, die Lorenzstraße 10, die Mühlstraße 2, 9 und 11, die Paul-Gerhardt-Straße 13 und die Schulstraße 4.

Die Untersuchungen über den Zustand der innerstädtischen, vorwiegend unter Denkmalschutz stehenden Bausubstanz, die durch den Krisenstab der Stadt bereits am 14. August durchgeführt worden war, ergaben nur ein vorläufiges Bild. Nach Angaben der Stadtverwaltung vom 7. November 2002 sind an etwa 750 Gebäuden der Grimmaer Innenstadt und der betroffenen Ortsteile Dorna, Höfgen und Nimbschen Schäden festgestellt worden. Alle Bauwerke der Altstadt wurden durch das Hochwasser in Mitleidenschaft gezogen, darunter viele öffentliche Einrichtungen wie das Gymnasium St. Augustin, die Grund- und Mittelschule am Wallgraben, das Stadthaus, das die Polizei und das Amtsgericht beherbergende Schloss, die Feuerwehr, das Kreismuseum, die Superintendentur, die Kloster- und die Frauenkirche, das Gemeindehaus sowie die Sparkasse und die Volksbank. Über die bereits abgerissenen Gebäude hinaus werden zu 40 weiteren Häusern die Abrissanträge geprüft. 400 Gewerbetreibende und Unternehmer sind geschädigt.

Über die Schäden an der städtischen Infrastruktur kann gleichfalls nur ein vorläufiges Bild gegeben werden. Etwa 2.300 Meter Straße müssen neu gebaut werden, 2.600 Meter Gassen und 3.500 Meter Fußwege sind vollständig oder teilweise unterspült. Mehrere Pfeiler der Pöppelmannbrücke wurden zerstört, die Hängebrücke ist stark beschädigt. Auf circa 35 Millionen Euro wird der gesamte, an der Infrastruktur entstandene Schaden in der Stadt Grimma beziffert.

Ecke Leipziger Straße/Frauenstraße. Foto: Andreas Kaniuth

In der Schulstraße wurde die gesamte Straßendecke fortgespült. Foto: Josef Brendel

*Aufgerissenes Pflaster am Frauenkirchhof
und in der Langen Straße. Foto: Thomas Kube
Foto unten: Mirco Töpfer*

Das Haus in der Mühlstraße 11 stürzte bereits während des Hochwassers ein und wurde in den folgenden Tagen abgerissen. Das schlichte Haus entstand im 17. Jahrhundert und besaß ein einfaches, im Stil der Renaissance gebautes Portal, das offenbar im 19. Jahrhundert übermalt wurde. Die runde Türöffnung ist nachträglich in eine viereckige umgestaltet worden. In die Säulen, die das Portal flankierten, waren zwei Sitzflächen eingearbeitet. Zu den einsturzgefährdeten Häusern gehört das sogenannte Stolle-Haus in der Paul-Gerhardt-Straße 15, das Ende des 18. Jahrhunderts erbaut wurde. Der Literat Ludwig Ferdinand Stolle (1806–1872), der vor allem als Herausgeber des humoristisch-politischen Volksblattes „Der Dorfbarbier" und durch zahlreiche historische Romane bekannt geworden ist, lebte in diesem Haus bis 1855. In dem Gartenfachwerkhaus auf der Stadtmauer befand sich eine kleine Ausstellung zum Andenken an Stolle.

Die Großmühle am Muldenwehr, eines der ältesten Industriebauten in Grimma, ist schwer getroffen. Seit dem 12. Jahrhundert stand an dieser Stelle eine Mühle, die von der Mitte des 16. bis ins 19. Jahrhundert im Besitz der Stadt war. Hermann Gleisberg erwarb 1876 die Mühle, erweiterte sie und gab damit dem Gebäudekomplex das heutige Aussehen. Neben der alten Mühle, der sogenannten Roggenmühle, wurde die neue Mühle, die sogenannte Weizenmühle, gebaut. Das Werk wurde 1972 in einen Volkseigenen Betrieb umgewandelt. Nach 1990 übernahm der holländische Mühlenunternehmer Spelt den gesamten Komplex der Großmühle. Die Turbinen und Generatoren sowie die Gebäude auf der Insel sind heute Eigentum eines bayerischen Fachunternehmers.

Das unmittelbar am Ufer der Mulde gelegene Gymnasium St. Augustin in der Klosterstraße gehört zu den schwer geschädigten Gebäuden, an denen sofort mit den Instandsetzungsarbeiten begonnen wurde. Das von 1887 bis 1891 im Stil der Neorenaissance errichtete Gebäude der ehemaligen Fürsten- und Landesschule gehört zu den eindrucksvollsten Schulgebäuden in Sachsen. Um das Bauwerk gegen die alljährlichen Hochwasser zu schützen, projektierte der Architekt, Oberbaurat Nauck, ein Hochparterre als Wirtschaftstrakt, in dem die Heizungskeller und das Waschhaus untergebracht waren. Bereits im Projekt war darauf hingewiesen worden, dass das Hochparterre gegen Hochwasser wie von 1573 und 1771 nur unzureichende Sicherheit bieten würde.

Entfernung des Parketts aus der Turnhalle von St. Augustin. Foto: Christiane Eisler

Treibgut hat sich in der Konstruktion der Hängebrücke verfangen. Foto: Ralf Zweynert

Zu den imposantesten Bauwerken der Stadt Grimma gehört die Hängebrücke, die durch das Hochwasser schwer in Mitleidenschaft gezogen wurde. Die Lauffläche der Brücke bildete eine Stauwand, nachdem die Brücke von der anströmenden Mulde angekippt worden war. Die Hängebrücke wurde 1924 anstelle einer Tonnenbrücke errichtet und seither neben der Pöppelmannbrücke als Muldenübergang genutzt. 1945 war sie gesprengt und bereits vier Jahre später wieder aufgebaut worden. Bei der Sanierung von 1989 wurden zunächst die Stahlseile erneuert und 1997/98 dann die gesamte Brücke überholt.

Zehn Wochen nach der Hochwasserkatastrophe ist es noch immer nicht möglich, eine abschließende Schadenbilanz zu ziehen. Große Anstrengungen werden notwendig sein, um das Ziel von Bürgermeister Matthias Berger zu erreichen, die Grimmaer Altstadt innerhalb von zwei Jahren dahin zu bringen, wo sie vor der Flut war.

Großmühle mit Mühlgraben und Muldeninsel.
Foto: Frank Linke

Wanderweg an der Mulde entlang der
Stadtmauer. Foto: Thomas Kube

Die Pöppelmannbrücke ist stark beschädigt. Foto oben: Katrin Köstler
Fotos links: Manfred Pippig, Foto rechts: Ralf Zweynert

Foto: Siegfried Fiedler

Mühlstraße 11. Foto: Peter Krasemann

Fassade am Leipziger Platz 11.
Foto: Mirco Töpfer

Fassade am Baderplan Nr. 10.
Foto: Manfred Pippig

Das eingestürzte Nachbarhaus verursachte
starke Schäden am Giebel des Hauses Mühlstraße 13.
Foto: Peter Krasemann

Fassade des Hauses Töpfertstraße 8.
Foto: Peter Krasemann

Abriss des Hauses Frauenstraße 16.
Foto: Dieter Klas

Eingestürztes Haus in der Paul-Gerhardt-
Straße 13. Durch den Zusammenbruch wurde
auch das Stollehaus stark beschädigt.
Foto: Katrin Köstler

oben: Am Leipziger Platz.

unten: Abriss des Gebäudekomplexes Leipziger Straße Nr. 1 und 5.
Fotos: Mirco Töpfer

Zerstörter Blumenladen in der Leipziger Straße. Foto: Cornelia Wunderlich

Eine große Lücke klafft in der Häuserreihe der Leipziger Straße.
Foto: Mirco Töpfer

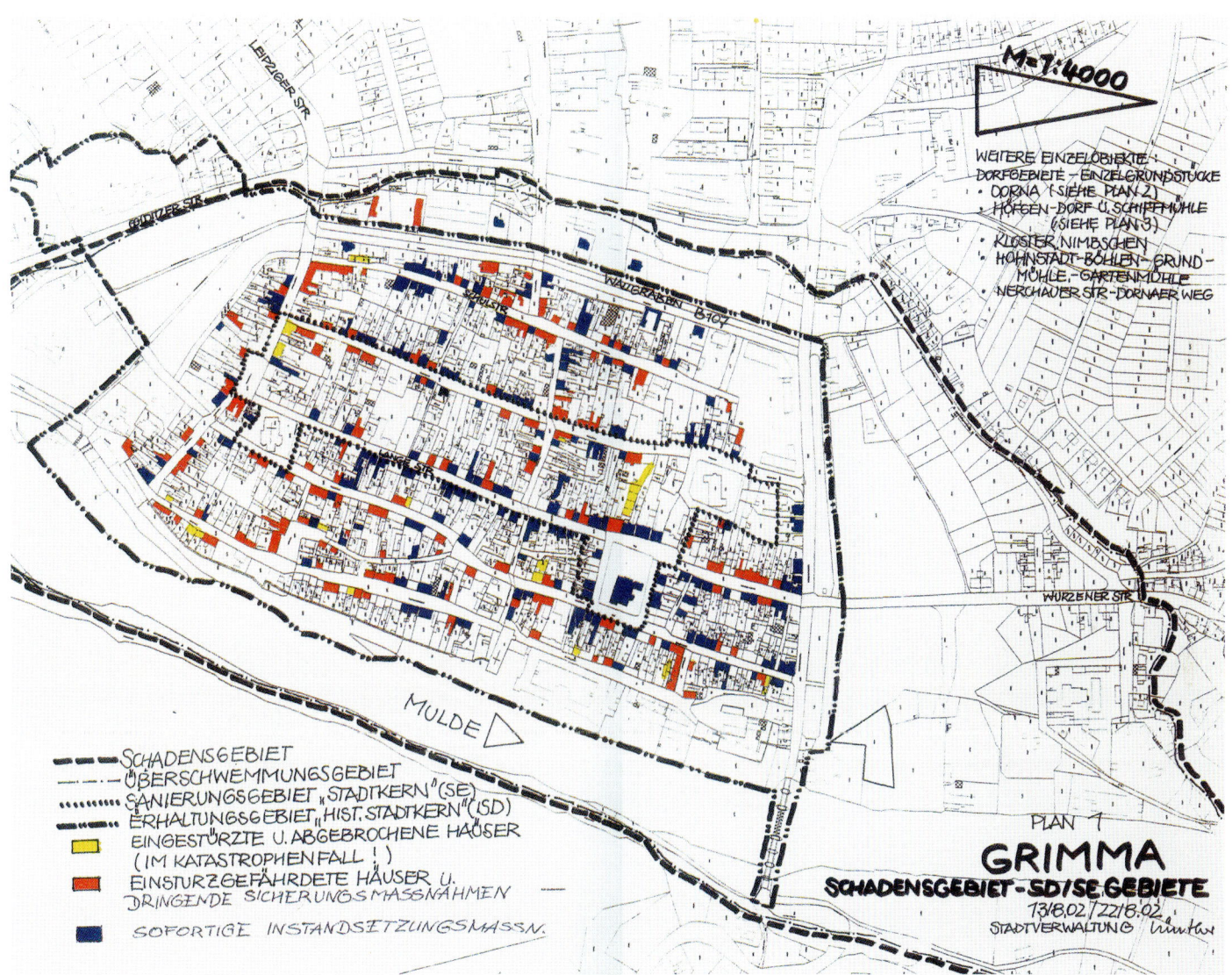

M=1:4000

WEITERE EINZELOBJEKTE :
DORFGEBIETE - EINZELGRUNDSTÜCKE
- DORNA (SIEHE PLAN 2)
- HÖFGEN - DORF U. SCHIFFMÜHLE
  (SIEHE PLAN 3)
- KLOSTER NIMBSCHEN
- HOHNSTADT-BÖHLEN - GRUND-
  MÜHLE - GARTENMÜHLE
- NERCHAUER STR - DORNAER WEG

SCHADENSGEBIET
ÜBERSCHWEMMUNGSGEBIET
SANIERUNGSGEBIET „STADTKERN" (SE)
ERHALTUNGSGEBIET „HIST. STADTKERN" (SD)
EINGESTÜRZTE U. ABGEBROCHENE HÄUSER
  (IM KATASTROPHENFALL !)
EINSTURZGEFÄHRDETE HÄUSER U.
  DRINGENDE SICHERUNGSMASSNAHMEN
SOFORTIGE INSTANDSETZUNGSMASSN.

PLAN 1
GRIMMA
SCHADENSGEBIET - SD/SE GEBIETE
13/8.02 / 22/8.02
STADTVERWALTUNG

165

*Die gotischen Plastiken in der Ausstellung des Kreismuseums.
Foto: Katrin Köstler*

Die zwei durch das Hochwasser stark geschädigten Plastiken in der Ausstellung des Kreismuseums. Foto: Marita Pesenecker

Not und Aufbruch – Das Kreismuseum Grimma

Nur wenige Meter vom Ufer der Mulde entfernt und unmittelbar an der Stadtmauer steht das Kreismuseum in Grimma. Die sonst so idyllische Lage wurde dem Museum in den Fluttagen ganz besonders zum Verhängnis. Drei Meter hoch und nur wenige Zentimeter unter der Decke des Erdgeschosses stand das Wasser und überschwemmte sowohl die Ausstellungen als auch die über 10.000 Bände zählende Bibliothek.

Als am 12. August die ersten Hochwasserwarnungen bekannt gegeben wurden, räumten die Museumsleiterin Marita Pesenecker und ihre Mitarbeiter den Keller aus. Am Abend sah sie die Bilder vom Hochwasser aus Passau im Fernsehen. Mit Schlafsack und Matratze fuhr sie umgehend ins Museum zurück und begann, die Schaukästen leerzuräumen und Stücke aus der Katharina-von-Bora-und der Mittelalter-Ausstellung sowie wertvolle Bücher in die höheren Stockwerke zu tragen. Von 11 Uhr in der Nacht bis 8 Uhr morgens schraubt sie mit Spezialwerkzeugen Vitrinen auf und kämpft mit den Halterungen, mit denen die fünf Plastiken aus dem frühen 16. Jahrhundert gesichert waren. Als drei gerettet sind, stand das Wasser bereits eineinhalb Meter im Museum. Nicht nur die Heilige Anna Selbdritt und den Heiligen Georg, sondern auch die wertvolle Bibliothek des Museums musste sie trotz ihres couragierten Einsatzes im Wasser zurücklassen.

Die eisenbeschlagene Tür zur Katharina-von-Bora-Ausstellung ließ sich schon nicht mehr öffnen, so dass Marita Pesenecker nur noch in die oberen Stockwerke flüchten konnte. Sich aus der Dachluke von einem Helikopter retten zu lassen, war ihr zu riskant, und die Schlauchboote kamen nicht über die Mauer, die den Hof des Museums umgibt. Erst Mittwochmittag, als das Wasser weitgehend abgeflossen war, holte sie ihr Lebensgefährte mit einem Boot ab, das auf der Museumsmauer hängengeblieben war.

Zeit für sich nahm sich die Museumschefin nicht. Sofort organisierte sie die Aufräumarbeiten und vor allem die Rettung der überfluteten Bibliothek. Sie umfasst unter

oben: Die Katharina-von-Bora-Ausstellung im Kreismuseum 1999. Foto: Katrin Köstler

unten: Die Katharina-von-Bora-Ausstellung im Kreismuseum nach der Flut. Foto: Marita Pesenecker

Blick in die Bibliothek des Kreismuseums.
Foto: Marita Pesenecker

Im Museumshof werden die geschädigten
Bücher zum Einfrieren vorbereitet.
Foto: Norbert Brandt

Reinigen der verschlammten Bücher
Foto: Katrin Köstler

anderem eine Bibelsammlung mit 300 Exemplaren, Handschriften wie das „Pestbuch der Stadt Grimma" von 1566 und die „Schulordnung des Kurfürsten August" von 1580, die „Sieben Bücher von dem Feldbau und der ordentlichen Bestellung eines Meierhofes" von 1579 oder mehrere Apotheker-Urkunden aus dem 17. Jahrhundert. All das lag verschlammt unter zusammengebrochenen Regalen.

Als das Wasser weg war, begann der Wettlauf gegen Fäulnis und Schimmel. Historiker, Restauratoren, Museologen, Freunde und an die 50 Helfer kamen, um in einer einzigartigen und unbeschreiblichen Aktion die Bücher zu bergen, zu reinigen und für den Transport in die Gefrierhallen in Leipzig und Radefeld zu verpacken. Dort wurden sie bei 20 Grad minus vorerst gesichert. Die mittelalterlichen Plastiken kamen sofort in die Obhut der Restauratoren.

Jürgen Geisler beim Sortieren der stark beschädigten Bücher. Foto: Katrin Köstler

Ausstellungsraum zur Grimmaer Stadtgeschichte im Kreismuseum. Foto: Marita Pesenecker

Die Sicherungs- und Rettungsarbeiten waren noch nicht abgeschlossen, als bereits die Bausanierung begann. Trockenbauwände und Fußböden wurden herausgerissen und am folgenden Wochenende der nasse Putz von den Wänden gestemmt. Dreizehn Feuerwehrmänner und eine Frau waren aus Brackenheim bei Heilbronn gekommen und machten sich an die Arbeit. Zehn Tage nach der Flut erfüllte der Lärm der Bautrockner das Museum.

In diesen Tagen hatten Marita Pesenecker und ihre Mitarbeiter versucht zu retten, was zu retten war. Danach ging es sofort wieder an die Museumsarbeit. Unterstützt durch professionelle und Amateur-Fotografen und finanziell gefördert durch die Kulturstiftung der Länder wurde parallel zu den laufenden Aufräum- und Wiederaufbauarbeiten die Ausstellung „Bilderflut-Flutbilder" vorbereitet und bereits am 21. September 2002 eröffnet.

Ausstellung „Bilderflut-Flutbilder" im Kreismuseum Grimma. Foto: Manfred Pippig

Kunstschätze – vieles beschädigt, manches unwiederbringlich

Verpackung der nassen Archivalien aus dem Stadtarchiv in Plastiktüten. Foto: Katrin Köstler

rechte Seite:
Container mit Archivalien aus dem Stadtarchiv.

Urkunde aus dem Stadtarchiv Grimma.
Fotos: Katrin Köstler

Das Stadtarchiv Grimma gehört zu den durch das Hochwasser schwer betroffenen Einrichtungen. Seit über 100 Jahren befindet es sich im Stadthaus am historischen Marktplatz. Gleichzeitig mit der Rekonstruktion des Stadthauses waren auch die Räume des Archivs umgestaltet und eine moderne Rollregalanlage eingebaut worden. Etwa 500 Regalmeter Gemeindeakten, Dokumente zum Gerichts-, Polizei-, Kirchen- und Schulwesen sowie zu Gewerbe, Handel und Verkehr der Stadt vom Ende des 15. Jahrhunderts bis zur Gegenwart wurden dort gesammelt. Von besonderem Wert sind die etwa 80 Urkunden aus den Jahren 1287 bis 1799.

In der Nacht zum 13. August war es in einer Eilaktion gelungen, einige besonders wertvolle Bestände aus dem Sonderraum des Archivs in die oberen Stockwerke des Stadthauses zu bringen. Ein Teil der alten Stadtchroniken sowie einige Urkunden und Siegel überstanden damit die Flut unversehrt. Zwei Tage später bereits versuchte die Stadtverwaltung, das überflutete Archivgut zu retten. Die Mitarbeiter des Leipziger Zentrums für Bucherhaltung (ZFB) konnten nur die allerwichtigsten Dokumente über Geburten, Eheschließungen, Sterbefälle sowie Haushaltspläne und Stadtratsbeschlüsse sichern. Gemeinsam mit den trockenen oder wenig durchnässten Bauakten wurden sie in einer Halle bei Kulkwitz eingefroren. Im ZFB werden die Akten getrocknet und restauriert.

Teile der historisch wertvollen Aktensammlung sollten offenbar gemeinsam mit dem Sperrmüll auf die Deponie kommen. Am Sonntag, dem 18. August, war vor dem Stadtarchiv ein Container mit Aktenbänden aus dem 17. bis 19. Jahrhundert gefunden und durch das Technische Hilfswerk (THW) und die Bundeswehr gesichert worden. Museologen, Historiker und dutzende Helfer sichteten und verpackten die Papiere, die ebenfalls eingefroren wurden. Auch die völlig durchnässten mittelalterlichen Urkunden und Siegel sind gesichert worden. Die Leiterin des Stadtarchivs, Marita Schön, geht davon aus, dass „nur ein geringer Teil der Akten gerettet werden kann". Ungeachtet der immensen Verluste beabsichtigt die Stadt das Archiv wieder einzurichten – vielleicht sogar an einem anderen Standort.

Über 1,30 Meter hoch stand das Wasser im Archiv der Superintendentur am Baderplan, in dem Akten, Kirchenbücher und der alte Teil der Ephoralbibliothek aus der Zeit von 1529 bis zur Gegenwart aufbewahrt wurden. Fast die Hälfte der 375 laufenden Meter Archivgut stand unter Wasser, der Rest ist durch die hohe Luftfeuchtigkeit und die schnelle Schimmelbildung geschädigt. Der völlig durchnässte Teil der Sammlung wurde bereits am 15. August gesichert und eingefroren und dann nach Münster zur Gefriertrocknung gebracht.

Besonders schlecht erging es den 15 Pastorenbildern aus dem 17., 18. und 19. Jahrhundert sowie drei Kruzifixen und zwei Altarleuchtern, die in einem Gewölbe der Superintendentur untergebracht waren. Noch bevor die Flut Grimma erreichte, konnten Superintendent Christoph Richter und seine Mitarbeiter die Bilder in die höhergelegenen Archivräume bringen. Ursprünglich hieß es, dass ein Hochwasser wie 1974 zu erwarten sei. Letztlich teilen Porträts und Aktensammlung das gleiche Schicksal. Die Restauratoren Stefan Reuther aus Neichen und Gisela Hempel aus Dresden nahmen die Kirchengemälde sofort in ihre Obhut. Stefan Reuther geht davon aus, dass alle Gemälde erfolgreich restauriert werden können.

Große Schäden entstanden auch in der Anfang der 1990er Jahre restaurierten Frauenkirche. Die Wassermassen, die 1,70 Meter in der Kirche standen, zerstörten die kleine Orgel, die in der Vierung stand. Das Wasser trieb im Langhaus und im Querhaus einzelne Bänke umher. Dank der Arbeit der vielen Helfer ist das Gestühl bereits nach einigen Tagen wieder nutzbar gewesen. Besonders im Altarraum setzte sich der Grund. Es wird erheblicher Aufwand nötig sein, die Fläche mit den Bodenfliesen aus dem 19. Jahrhundert wiederherzustellen. Allein der wertvolle Altar überstand die Katastrophe fast unversehrt. Das Wasser blieb an der Kante des Altartisches stehen.

Blick in das Innere der Frauenkirche. Foto: Peter Endig, dpa

Foto: Martin Jehnichen, Stern

Wenn die Versicherung zahlt, kann es weitergehen

Ehepaar Keller in ihrer Fleischerei.
Foto: Martin Jehnichen, Die Zeit

Vor 25 Jahren übernahm Fleischermeister Manfred Keller das Geschäft am Markt 1 in Grimma von seinem Vater und führte es durch die schwierigen DDR-Zeiten. Seit 1990 investierte er rund 1,3 Millionen Euro. Anfang August dieses Jahres war auch der letzte Kühlraum neu gefliest. Über seine achteinhalb Meter lange Kühltheke verkaufte Manfred Keller wöchentlich 1.500 Kilo Fleisch, Wurst und Mittagsmenüs, die er mit 13 Angestellten produzierte. Jetzt steht er vor seinem zerstörten Geschäft.

Nach der Hochwasserwarnung hatte er mit seinen Mitarbeitern die Keller leer und die wertvollsten Geräte in die oberen Regalfächer geräumt. Als gegen 8 Uhr das Wasser eineinhalb Meter im Laden stand, trug Manfred Keller noch schnell drei Präzisionswaagen und zwei Aufschnittmaschinen in den ersten Stock. Dann musste er seine 80-jährige Mutter, die im Hinterhaus wohnt, in Sicherheit bringen. Als er zurückkam, war für sein Geschäft jede Rettung zu spät. Das Wasser stieg bis einen Zentimeter unter die Decke. Aus der ersten Etage seines Hauses musste er mit seiner Frau Ute und seiner Mutter miterleben, wie die Flut ein zweieinhalb Meter hohes Kühlhaus aus der Verankerung riss, und das Sicherheitsglas seines Schaufensters splitterte und damit jede Hoffnung vernichtete, noch etwas retten zu können.

Bald standen dutzende freiwillige Helfer aus Leipzig, Erfurt und Hannover in seinem Geschäft, beseitigten den Unrat, schaufelten Schlamm, schlugen die Fliesen von den nassen Wänden, stemmten die Fußböden auf, rissen den geteerten Kork heraus, mit dem Manfred Kellers Vater vor über 50 Jahren die Kühlräume isolierte. Den Spekulationen seiner Helfer und dem Fachsimpeln über Kredite und Versicherungen konnte der Fleischermeister wenig abgewinnen. Zur Tilgung aller Darlehn zahlt er bereits 2.500 Euro monatlich und hofft nun auf die Versicherung. Wenn die den Schaden ersetzt, kann es weitergehen. Die Selbstbeteiligung von 25.000 Euro muß er ohnehin allein tragen.

Helfer und Belegschaft der Fleischerei Keller am Markt. Foto: Martin Jehnichen, Die Zeit

Alles verloren
und auf der Suche

Schöne Tage sollten es im Hause von Balwinder Jhand werden. Ihre Mutter und ihre Tante aus England, die Schwester mit den Kindern – eineinhalb und vier Jahre alt – sowie ein Freund ihres Mannes waren zu Besuch und voller Bewunderung über das frisch sanierte Haus. Seit zehn Jahren lebt die Familie Jhand in Grimma und fühlte sich in ihrem Haus in der Schulstraße heimisch. Mit dem kleinen indischen Restaurant auf den Gerichtswiesen bereichert sie die Stadt kulinarisch und kulturell.

Die Hochwasserwarnung erreichte die Familie nicht. So brachte am Morgen des 13. August der Mann von Balwinder Jhand den Sohn wie immer in die Schule. Als er gegen acht Uhr zurückkam und das Wasser bereits in der Schulstraße stand, begann die Familie sofort, die Möbel ins Dachgeschoss zu bringen. Wie so viele Grimmaer glaubten auch Jhands, in den oberen Etagen ihres Hauses sicher zu sein. Noch beim Räumen begann Frau Jhand zu zweifeln, ob es bei diesem Hochwasser überhaupt Unterricht in der Schule geben würde. Tatsächlich wurde ihr Sohn wieder nach Hause geschickt. Bei einem Schulfreund war Jaspal Jhand sicher untergebracht.

Rasend stieg das Wasser und erzeugte in der Schulstraße eine Strömung, die alles mit sich riss. Durch Nachbarn gewarnt, dass die Ecke ihres Hauses bereits abzubrechen beginnt, riefen sie um Hilfe. Der Neffe, der mit im Haus wohnte, sah, dass das Wasser einen Meter auf dem Wallgraben stand. Durch die Badezimmerfenster, die zum Wallgraben weisen, konnten sich die sieben Erwachsenen mit ihren drei Kindern noch selbst retten. Balwinder Jhand verließ als letzte das Haus. Ein Radlader nahm die Familie auf und brachte sie ins Trockene.

Für drei Tage fand die Familie Jhand in der Mundentalhalle ein provisorisches Obdach. Alles hat sie verloren. Die Flut spülte das Haus und mit ihm den gesamten Besitz hinweg. Vergeblich versuchten Jaspal und sein Freund noch einiges zu retten. In der Stecknadelallee konnte eine Wohnung gefunden werden, die mit gespendetem Mobilar notdürftig eingerichtete wurde.

Balwinder Jhand möchte ein neues Haus bauen, doch nicht in der Schulstraße. Die Stadt will an dieser Stelle einen Parkplatz errichten und die Straße verbreitern. Nun sucht die couragierte Frau ein neues Grundstück und hofft, bald fündig zu werden.

Schulstraße 4, das Wohnhaus der Familie Jhand.
Fotos von links nach rechts:
Peter Krasemann, Frank Richter,
Bernd Voigtländer, Balwinder Jhand

Foto: Ralf Zweynert

Dank den Helfern!

„Grimma dankt den Helfern" steht in großen Lettern am Rathaus. Allein am ersten Wochenende nach der Flut kamen annähernd 5.000 Helfer aus der Umgebung von Grimma, aus Leipzig und aus ganz Deutschland, um die Innenstadt vom Schlamm, Schutt und Müll zu befreien.

Frank Dietze und Ulrike Fichtner standen im Haus eines älteren Ehepaares in der Weberstraße und schaufelten Schlamm. Sie kamen aus Leipzig und kannten weder das Ehepaar noch die anderen Helfer, die mit ihnen das verquollene Mobilar auf die Straße schleppten.

Leslie Hanisch hatte eigentlich Semesterferien. Doch nachdem sie die Hochwasserbilder im Fernsehen sah, wollte sie helfen. Ihr Freund war als Bundeswehrsoldat nach Grimma kommandiert worden und so lag es für die Jenaer Studentin nahe, nach Grimma zu gehen. Sie stand in einer Halle in Grimma-Süd und nahm Kleiderspenden sowie Haushaltsgeräte und Reinigungsmittel an.

Jan Anderwood, Lars Kirchler, Jürgen Kühner, Thomas Neuschwander, Patric Ocker, Klaus Rex, Gerhard Scheerer, Tino Schöneck, Dietmar Steinecke, Marion und Erwin Thiel, Marcus Weiß sowie Harald und Jahn-Philip Zeyer sind Feuerwehrleute in Brackenheim bei Heilbronn. Seit den letzten Augusttagen fuhren sie an jedem Wochenende die 500 Kilometer nach Grimma, brachten ihre gesamte Technik und, um möglichst niemandem zur Last zu fallen, auch ihre Verpflegung mit. An zwei Wochenenden stemmten sie im Kreismuseum und im Museumsdepot den Putz von den Wänden und rissen die durchnässten Fußböden heraus. Ihre Arbeitskraft schien unerschöpflich und daran, dass Montag der normale Arbeitstag begann, hatte keiner von ihnen gedacht.

Foto: Ralf Zweynert

Die Mitglieder des Naturfreunde- und Heimatvereins Groitzsch, die dem Kreismuseum Grimma am 30. August eine Spende von 1.145 Euro übergaben, wollten auch beim Wiederaufbau des Museums helfen. Eine Woche später hatten Siglinde Nowak, Gertraude May und ihre Freunde den Kräutergarten im Hof des Museums wiederhergerichtet und neue Kräuter gepflanzt.

Siglinde Nowak und Gertraude May vom Heimatverein Groitzsch legen im Museumshof einen neuen Kräutergarten an. Foto: Ralf Zweynert

„Ich bin ganz einfach gerührt", sagte Bürgermeister Matthias Berger, „welche Hilfe unserer Stadt aus dem ganzen Bundesgebiet und darüber hinaus zufließt. Soviel Mitmenschlichkeit habe ich in meinem Leben noch nie erfahren. Das ist sensationell."

Bewohner in der Lorenzstraße danken ihren Helfern. Foto: Andreas Kaniuth

Danksagung

Für die gute Zusammenarbeit und das Engagement möchten wir allen Fotografen sehr herzlich danken, die sowohl die Ausstellung im Kreismuseum Grimma als auch die vorliegende Bilddokumentation selbstlos unterstützten. Besonders angenehm war die ausgezeichnete Kooperation mit Herrn Professor Dr. Joachim Fischer und Frau Dr. Britta Kaiser-Schuster von der Kulturstiftung der Länder (KSL), Berlin. Der Stiftung sind wir sowohl für die großzügige und unkomplizierte Förderung der Ausstellung „Bilderflut – Flutbilder" als auch für die Unterstützung der ausstellungsbegleitenden Publikation sehr dankbar. Unser Dank gilt darüber hinaus den Mitarbeiterinnen und Mitarbeitern des Kreismuseums Grimma. Nur durch ihren engagierten Einsatz war es möglich, wenige Wochen nach der Hochwasserkatastrophe die Ausstellung zu eröffnen und das Museum mit neuem Leben zu erfüllen.